ワーキングストレスに向き合う力

ストレスコントロール手法

〈コーピング〉でビジネスに強くなる

坂上 隆之 ［著］

B&Tブックス
日刊工業新聞社

はじめに

本書を手にとってくださり、本当にありがとうございます。
唐突ですが、そのあなたに質問させてください。

- 能力のある人間はどんどん出世する、自分に勉強する時間さえあれば、と諦めていませんか？
- 家族のためと我慢して、心身をすり減らしながら給料をいただいていませんか？
- 上司や部下と上手くコミュニケーションがとれていますか？
- 会社で楽しく働けていますか？

そして、最後に、「もし明日から仕事がないと宣告されたら、会社を辞めて自分で人生を切り拓く自信と勇気を、あなたは持ち合わせていますか？」

私自身、真面目を絵に描いたような人間でした。そしてその「頑張り」こそが、逆に大企業の中で自分を押しつぶしてしまう要因になってしまいました。

社員食堂で大勢の面前で食事を取ることさえできず、心療内科にまで予約待ちで断られる日々。

しかし、そのピンチはコーピング書籍『「一日30秒」でできる新しい自分の作り方（田中ウルヴェ京／フォレスト出版）』と出会ったことで変わりました。

〝コーピング〟とは、日本語で〝対処する〟という意味の英語の動詞「ＣＯＰＥ」に現在形のＩＮＧをつけたもので米国発祥です。日本ではアスリートのメンタルトレーニングに主に利用されています。

私はこの手法を知って、それ以来半年間で自分のストレスを克服することができたのです。

部下たちとのコミュニケーションを劇的に改善することができました。少し自慢になりますが、業務改善における「品質社長賞」というチーム表彰を受ける等の数々の成果も得ることができました。

その他にも、一般的なメンタル強化に加えてビジネスマン向けの独自メソッドを開発・体系化し、「学習コーピング」「目標達成コーピング」「金言コーピング」といった少ない時間を有効活用する超効率的な手法で学習成果も上げて、ＩＴ・事務系資格を十個取得、主任から課長へ当時最短の三年で課長職へ昇進することなどもかなえることができています。当時の会社を退職後も、家族の理解も得ながら行政書士・ファイナンシャルプランナー等の資格を短期間で取得することができました。

いまは、この〝コーピング〟の力で、「離婚専門の行政書士」「ストレス対処コンサルタント」「企業研修講師」として独立することができました。さらにコーピングコーチ資格を取得し、アドバンス一まで履修したわずか十八名の中で、心のサポートもできる日本初の行政書士としてその地位を確立したのです。

いかがでしょうか。このような成果をあなたも手に入れたいと思いませんか？

２０１４年3月の「労働環境に関する意識調査（日本法規情報㈱法律問題意識調査レポート）」では、職場に不満があるという回答が九割にのぼり、その半数が上司、同僚、部下等の人間関係とのことです。また、現在の日本経済の状況下では、企業に属しているだけでリスクがあるとも言われております。

〝予防にはお金を掛けない〟という常識はいずれ非常識になるでしょう。ストレス対処に身銭を投じる文化が足音を立ててすぐそこまで来ていると私は感じています。

企業レベルでも、「ストレスチェック義務化法案」の成立という国家政策の後押しがあり、〝（会社組織のストレスコントロール）まったなし〟の状況です。平成二十七年十二月末までに、従業員五十人以上を抱える事業場は仕組み構築への対策費用を予算に盛り込み、対策を講じる必要があるのです。

つまり、ビジネスの現場では、いままで以上に本気でストレスと向き合うことが求められていくのです。

ストレスは消失するものではありません。また、本書はストレスを治療したり、ストレスから逃避したりすることをおススメする本ではありません。ストレスの特性を理解し、コントロールする術を身につけて、それを上手く活用することにより、必ず道は開けます。

コーピングによるストレスコントロールは、誰でも身につけられるスキルです。どうか安心して読み進め、いきいきわくわくした「〝ピンチで挫けない〟強いビジネスマン」になってください。

目次

はじめに …… 1

序章 ストレスに負けない「強いビジネスマン」になりたくないですか？ …… 9

＞企業にしのびよる「うつ病」の現状 …… 11
あなたの会社は大丈夫？　知らないではすまされない！
＞企業に求められる喫緊の対応方法 …… 15
＞コーピングを職場に導入しよう …… 21
＞知っていますか？　リーダーの仕事の八割はコミュニケーション …… 22
＞仲間のストレスに気づけ！　職場のストレス最前線 …… 25
＞会社人生を加速的に成功させる三つの視点 …… 27

第1章　これが新しい自分をつくる新ジャンル〝コーピング〟だ！……29

＞コーピングのルーツと定義……30
＞コーピングは『ストレス相手の合気道』……33
＞コーピングの特徴とは？……37
＞コーチング・NLP・メンタルヘルスとどこが違うの？……39
＞ストレスのベールを剥いでみる！（その一）～ストレスって悪者なの？～……42
＞ストレスのベールを剥いでみる！（その二）～ストレス刺激ってなに？～……44
＞ストレスのベールを剥いでみる！（その三）～ストレス反応ってなに？～……48
＞ストレスのベールを剥いでみる！（その四）～ストレスの感じ方は人によって異なる？～……52
＞心の強さは変えられる？……56
＞心の四つのサイクルを知ろう……60
＞心の「評価」で会社人生は大きく変わる！……64
コラム　ストレスを軽減させるオススメの食べ物とは？……70

第2章 あなたに合った「メンタルタフネスを高めるコーピング手法」はこれだ！ …… 73

＞『言葉を使ったコーピング』 …… 75
■セルフトーク転換で自分を変える …… 75
■二十八日間、「感謝」の修行 …… 84

＞『心理調整術を使ったコーピング』 …… 90
■セルフコンディショニング …… 91
■ルーティン法 …… 93
■引き算コーピング …… 95
■他人をほめまくる …… 96

＞『身体を使ったコーピング』 …… 98
■呼吸法を活用した瞑想 …… 98
■筋弛緩法 …… 101
■歩くときにできる身体調整法 …… 103
■作業興奮 …… 106
■笑う（お笑いコーピング） …… 108
■泣く …… 109

コラム モックモクの喫煙所で情報交換をまだやりたいですか？（禁煙コーピング） …… 111

第3章　コミュニケーションの改善は難しいと思っていませんか？　人に好かれ、業務がうまく運ぶ人間力向上テクニック！……115
■あなたを〝職場の鏡〟で見てみたら……116
■人を認め、感謝、感謝、最大のポイントは「感謝」……123
■「感謝の手紙」を書いてみよう！（内観法）……135
■お互いを尊重する！「アサーティブ・コミュニケーション」……140
■苦手な人間関係に対するコーピングとは？……144
■アゴの動きと仕草をまねろ！（傾聴スキルの重要性）……147

第4章　業務展開に幅を広げるコーピング……157
■ストレスフリーのインプットで人間力を磨く「学習系コーピング」とは？……158
■ライバルをごぼう抜きした加速学習法（学習コーピング）……160
■自信がない？　心配ご無用！
自己管理で成功グセがつくテクニック（目標達成コーピング）……169
■セルフイメージを高め、理想のチームリーダーへ！（金言コーピング）（番外編）……174

おわりに……179

序章

ストレスに負けない「強いビジネスマン」になりたくないですか?

「あなたの笑顔が職場のビタミン
健康管理で笑顔の輪」

これは、ある大企業の全国労働衛生週間の社内キャンペーンで、私が新入社員時代に大賞をとったときの標語です。ご存じの通り、全国労働衛生週間は、働く人の健康の確保・増進を目的として、快適に働ける職場づくりを目指す運動です。

ところが、この大賞を取った十七年後、私はプチうつ状態となりました。この標語は、大きなリストラの前にも無力でした。

本書は、現在では「ストレス対処コンサルタント」として人を指導する立場になった私が、自信を持っておススメする、ビジネスのストレスであるワーキングストレスをコントロールするための本です。

いまの私の専門分野は、三つの領域からなっています。

①「次世代リーダー養成支援」の研修講師
②「コーピング技術（ストレス対処）」のコーピングコーチ
③「離婚専門」の行政書士

全て異なるように見える肩書も、実は本書のテーマである「コーピング技術（ストレス対処）」をベースとしたものです。

＞企業にしのびよる「うつ病」の現状

新聞・ニュースなどで、心身を損なった結果、事故や傷がいなど多くの悲惨な事件が連日発生していることは、皆さんもご承知かと思います。

情報技術の発展に伴い便利になった反面、デジタルデバイドやＳＮＳなどでプライベートがおだやかなものではなくなってきており、安息の時間と空間がなくなりつつあるのも一因でしょう。

私の周りでも、職場で「心の病」が原因で休職や退職をした、などの情報が頻繁に入ってきます。

国レベルでは、自殺やうつ病がなくなった場合の経済的便益（自殺やうつによる社会的損失）の推計額は、「二〇〇九年の単年度で約二兆七千億円」「二〇一〇年でのＧＤＰ引き上げ効果は約一兆七千億円」という試算もあります（厚生労働省　報道発表資料　平成二十二年九月七日より）。「うつ病」の増加は、日本経済にも大打撃を与えていることがこれでわかります。

図0-1を参照ください。仕事で「心の病」による労災申請は、請求件数ベースで、平成二十五年度が過去最高の1，409人となっています（厚生労働省　報道発表資料　平成二十六年六月二十七日「表2―1　精神障害の労災補償状況」に基づき、筆者作成）。

仕事で「心の病」による労災申請は、13 年度に 1,409 人。
前年度比 +152 人で過去最高。

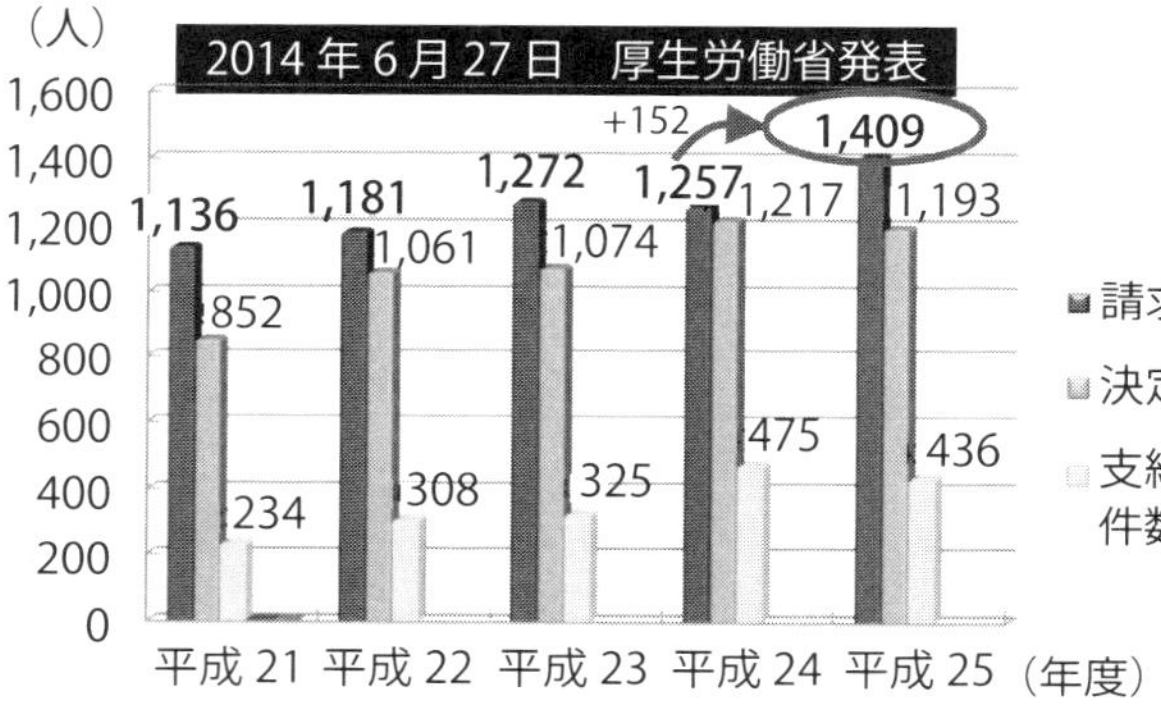

• 業種別では、製造業が 78 人と最多
• 年代別では、30 代が 161 人と最多、40 代の 106 人が続く

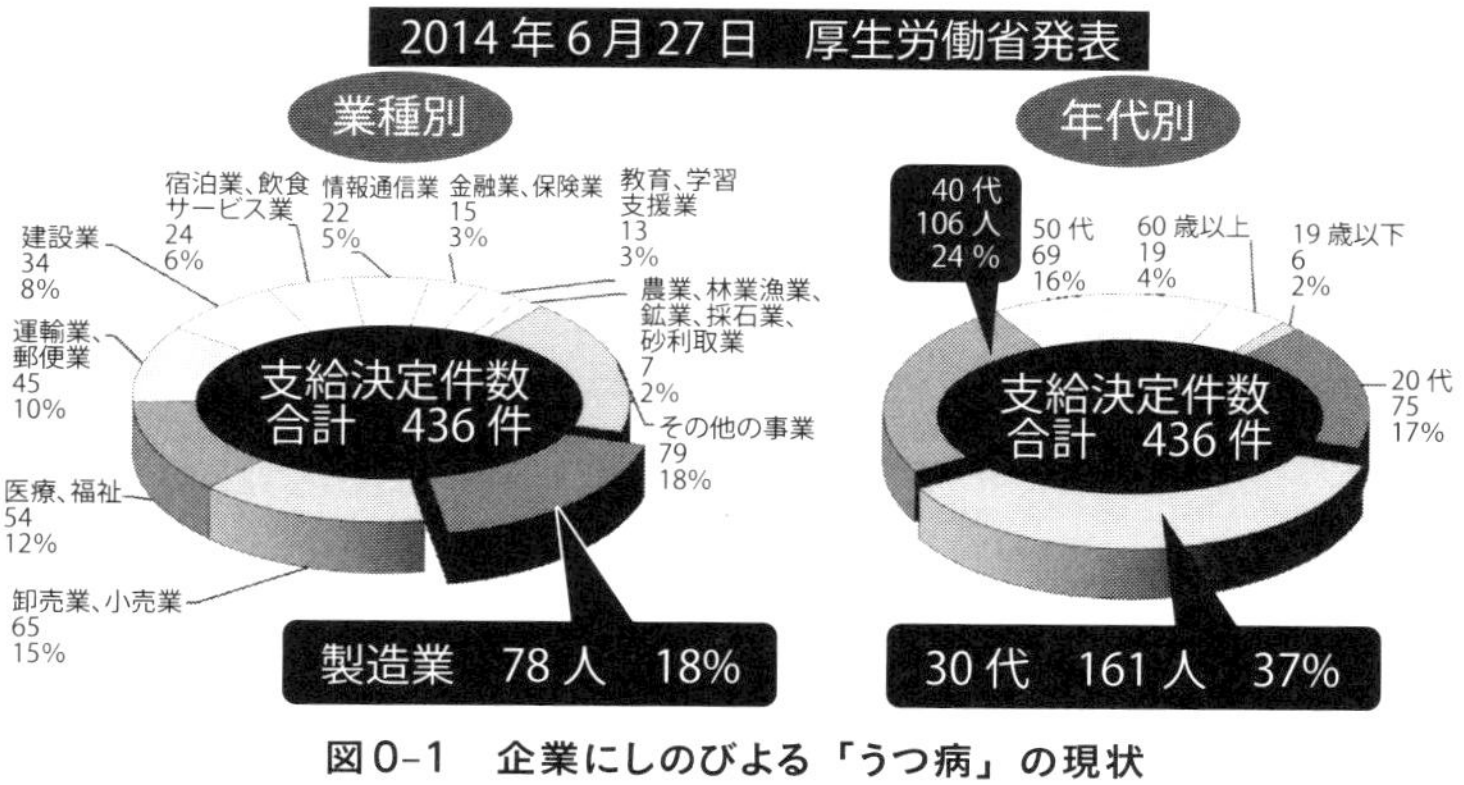

図 0-1　企業にしのびよる「うつ病」の現状

次に、もう少し職場内部に切り込んだデータを見てみましょう（図0-2）。平成二十六年三月十三日　日本法規情報㈱の「法律問題意識調査レポート」です（筆者にて加工。調査データ提供元：日本法規情報株式会社）。正直、私は個人的には体感していたものの、このデータには驚きました。

なんと、職場に不満があるとの回答が、「九割以上」を占めているというのです。さらに、その不満の対象は、上司、同僚、部下などの人間関係が「ほぼ半数」を占める、というのです。

ここで、突然ですが、あなたの職場ではこのようなことはありませんか？

一、出社、退社時にはっきりとしたあいさつがなくなった
二、職場内で、メールで文句を言うメンバーが増えた
三、最近、職場が静かに思える
四、休憩中は話しかけないでください、という社員が増えた
五、運動会、社員旅行、職場旅行、飲み会が減った
六、うつ病で休職する社員が珍しくなくなった
七、上司、部下の間で、プライベートの話ができない

- 職場に不満があるとの回答は「9 割以上」
- 不満の対象は、上司、同僚、部下等の人間関係が 49%

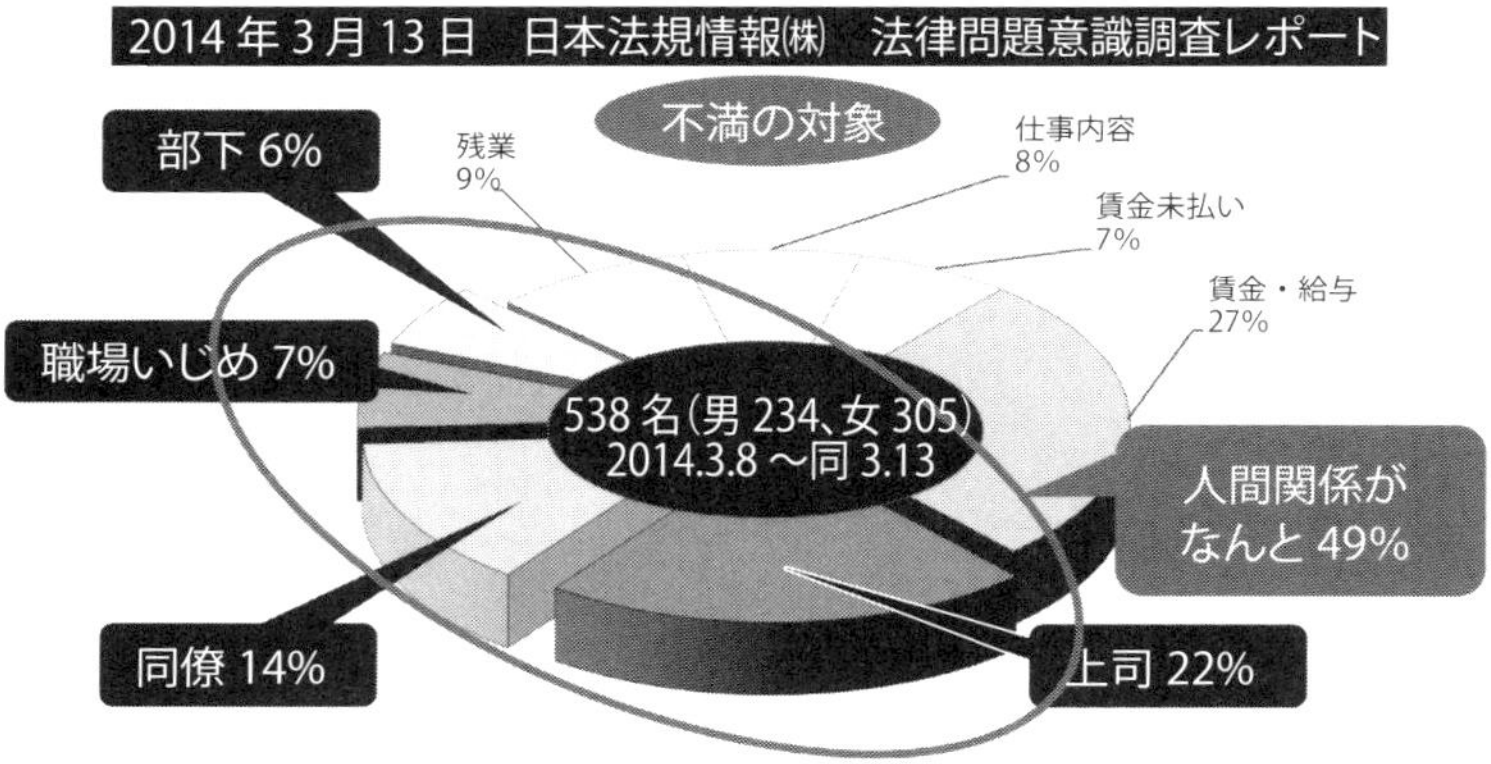

図 0–2　企業における職場の不満

八、バレンタインデーのチョコ配りがなくなった

これらを人前でお話しすると、多くの方がうなずきながら、特に五では大きくうなずく様子がうかがえます。これらのストレスフルな状況は、大きなリストラを四度も経験したかつて私が勤務させて頂いていた職場の中での話です。あくまで個人的な情報ですが、大抵の方が同じような状況にあり、その原因は、「コミュニケーションの希薄さにある」とみなさん仰います。

＞あなたの会社は大丈夫？　知らないではすまされない！企業に求められる喫緊の対応方法

これらの社会状況を反映し、平成二十六年六月十九日に、「労働安全衛生法の一部を改正する法案（通称：ストレスチェック義務化法案）が国会で成立しました。

ここでは、特筆すべき二点を紹介します（厚生労働省ホームページ「労働安全衛生法の改正について」の「パンフレット等」より）。

①重大な労働災害を繰り返す企業に対し、大臣が指示、勧告、公表を行う制度が導入される

（平成二十七年六月までに施行予定）

- 重大な労働災害を繰り返す企業に対して、厚生労働大臣が「特別安全衛生改善計画」の作成を指示することができるようになる。
- 計画の作成指示に従わない場合、計画を守っていない場合などに、厚生労働大臣が必要な措置をとるべきことを勧告し、勧告に従わない場合はその旨を公表することができるようになる。

②ストレスチェックの実施等が義務となる（平成二十七年十二月までに施行予定）

- 常時使用する労働者に対して、医師、保健師等による心理的な負担の程度を把握するための検査（ストレスチェック）を実施することが事業者の義務となる。（労働者五十人未満の事業場は当分の間努力義務）
- 検査結果は、検査を実施した医師、保健師等から直接本人に通知され、本人の同意なく事業者に提供することは禁止される。
- 検査の結果、一定の要件に該当する労働者から申し出があった場合、医師による面接指導を実施することが事業者の義務となる。また、申し出を理由とする不利益な取扱いは禁止される。
- 面接指導の結果に基づき、医師の意見を聴き、必要に応じ就業上の措置を講じることが事業者の義務となる。

このように、国は「法制度違反があり、重大な労働災害を発生させる企業を〝ブラック企業認定〟する制度」、「メンタルヘルスチェックの法定健康診断化」を進めることにしたのです。安倍政権は、平成三十二年までに全ての企業がメンタルヘルス対策に取り組みができていることを国家戦略に掲げ、医療費削減に本腰を入れ始めたのです。

ただし、メンタルヘルス対策の充実・強化を目指した国の動きはまだ企業には周知されていないようです。会社としては人事部門などでは取り組んでいるのかもしれませんが、受講者レベルではこのような動きをご存じない方が大半です。

もう少し具体的に、今後企業（特に中小企業）が早急に取り組まなくてはならない点を解説してみます。ポイントは次の二点です。

①ストレスチェック制度の創設を含む「労働安全衛生法の一部を改正する法律」の改正により、平成二十七年度予算に教育やチェック体制の整備を盛り込むなどの取り組みが急務となる。

②法律改正以前の問題として、「不調者の早期発見・早期対応（二次予防）」、「コミュニケー

ション不足による職場風土改善のための教育（一次予防）」への継続取り組みが必要。

具体的に、まず①について説明します。今後、企業は以下四つのリスクを抱えることになりそうです。

一）損害賠償リスク……………………遺族からの訴訟提起
二）労災リスク……………………………心身不調に陥ることにより作業ミスが増え、労災が発生しやすくなる
三）ブラック企業認定リスク………前述の通り、労働安全衛生法の改正により、重大な労働災害を繰り返す企業に対し、大臣が指示、勧告、公表を行う制度が導入される（平成二十七年六月までに施行予定）
四）人材の採用と定着率リスク………三）にも関係するが、働きやすい職場づくりと活躍できる社会人づくりのため、ストレスチェック制度が創設された

これらは、株式会社矢野経済研究所の「ＥＡＰ（※注記）サービス市場に関する調査結果

二〇一四」の発表内容に記載された『企業や団体におけるメンタルヘルス対策は、これまで「コスト」と位置付けられてきたが、近年は「従業員のパフォーマンスを向上させる投資」という認識が勝るようになっており、メンタル疾患の予防策は経営戦略上の重要なリスクマネジメントであるとの考え方が浸透してきている。』ということから納得がいきます。

※注記）ＥＡＰ（Employee Assistance Program：従業員支援プログラム）サービスとは、企業や団体などの従業員のメンタルヘルス上の課題（職場内での問題だけでなくプライベートの悩みを含む）を、カウンセリングなどを通じて解決に導き、組織の活性化や生産性を高める就労環境支援サービスである。

また、厚生労働省発表の「平成二十六年度社会復帰促進等事業における新規事業等」では、「安全衛生に取り組む優良企業を評価・公表する制度」も予定されており、認定企業に対して優遇措置が与えられることから、ますますメンタルヘルス対策の重要性が高まり、ＥＡＰ市場は需要が見込まれるようです。

次に、②について説明します。

公益財団法人　日本生産性本部　メンタルヘルス研究所の「第６回『メンタルヘルス取り

組み』に関する企業アンケート調査結果（二〇一二年十一月八日）』によると、次のような報告が掲載されています。

『●企業が最も力を入れる「早期発見・早期対応（二次予防）」：効果ありは51・4％。不調者の早期発見、早期対応（二次予防）は企業が最も力を入れ、期待もしている取り組みであり、管理職のメンタルヘルス対応としても最も期待が高いものではある。しかし、効果が出ている企業は51・4％と、半数である。』

『●職場や働き方の変化　上位3位「職場に人を育てる余裕がなくなってきている」（76・1％）、「管理職の目が一人一人に届きにくくなってきている」（69・7％）、「仕事の全体像や意味を考える余裕が職場になくなってきている」（68・3％）組織のタテ・ヨコの結束性や、組織の継続性に大きな影響を与えうる変化が多くの企業で起きている。健康で活き活きした職場づくりのために、いわば企業の「土壌改善」にあたる一次予防を継続して行っていくことが非常に重要である。』

すなわち、企業のコミュニケーションを改善し、企業の土壌改善にあたる一次予防の継続の重要性が謳われているのです。

＞コーピングを職場に導入しよう

コーピングの内容そのものについては後述しますが、その前にコーピング技術を学ぶメリットについてお伝えします。

まず、コーピングはストレス対処への理解を深められ、職場コミュニケーションの見直しに活用することができます。これは、現代のビジネスマンならだれでも必須のスキルであり、特にチームリーダーにはリーダーシップ発揮のために有効です。

さらに次の三点の効果を得られ、風通しの良い職場ができ、それがひいては職場や企業の業績アップにつながります。

①部下や他部門関係者を認めることができる（業務円滑化、生産性アップにつながる）
②ストレス対処に気を配れる（自分自身に加え、同僚や部下など他人をいたわることができ、人間関係が良好になる）
③意欲の高いチーム作りができる（お互いを認め、助け合い、組織としてのシナジー効果を期待できる）

それでは、これらの効果を期待できるコーピング技術を学ぶ前に、今度はあなた自身も含め、職場において問題を起こす考え違いの行動をとっていないか見ていきましょう。

知っていますか？ リーダーの仕事の八割はコミュニケーション

今からお話することとは、新入社員から社長までビジネスマンなら誰にでも大切なことです。特に、これからチームリーダーとなっていく方は胸に留めておいて欲しい内容です。

私自身、管理職になって半年でストレスを抱えこみ、心身を損なってしまったことがありますが、その原因は後からよくよく考えたところ、「コミュニケーション不足」にありました。

「自分が職場を支えているのだ」「自分は組織のエースなのだ」「他の人間は向上心がないのか」などという傲慢さがその理由だったと思います。私の会社での目標がいつの間にか「昇進」だけになっていて、その結果、課長になった私に報いがきたのです。

かつて課長になりたての私は、いわゆるプレイングマネージャーでした。プレイングマネージャーというのは、コスト削減の観点から、管理職が一般職の仕事を兼務することにより、人件費を一名分削減できるというものです。

経験した私としては正直きつくてたまりませんでした。私は、管理職に昇進すると同時に、担当していた部門に加え、似て非なる部門も同時に受け持つことになり、システムも業務プロセスも全く異なる部門も兼務することになったのです。費用削減の折、システム改善の費用や人員も手配していただけず、全て管理職として責任を負わされました。そのとき、頭ではわかっていても、前述の傲慢さもあり、マネージャーの基本姿勢である「組織の力を使って成果を出す」ということを軽視してしまいました。そのため、自分の業務遂行ばかりに負われ、部下とのコミュニケーションをおろそかにしてしまいがちであったのです。この組織内のコミュニケーションを軽視してしまったことが、私のプレイングマネージャーとしての大失態であり、自らを追い込んでしまった主要因でした。

米国のあるエグゼクティブ向け調査では、「リーダーの勤務時間の八割は、他者とのコミュニケーションに使われる」とのデータがあるようです。

これは、ハーバード大学のリーダーシップの権威である、ロバート・カッツの提唱する「カッツモデル」と呼ばれるものによります。

順を追って説明すると、まず「概念化スキル」というのは、いわゆる社長や役員といったトップマネジメントに特に要求されるスキルです。何もないところから、企業の方向性や戦略の意思決定、事業判断をしていく能力です。

次に、「テクニカルスキル」です。いわゆる一般職を中心としたスキルで、その能力がないと事務作業ができない、例えば経理能力やプログラミング能力などの専門スキルを指します。

最後に、コミュニケーションスキルです。これは、人との関係を良好に築いていける能力を指します。一般的に、中間管理職は、上層部と部下の間の情報連携、また他部門や同僚の管理職との連携が重要になってきます。社長や役員、部長においては、他部門や役員同士、他事業部、他者との情報交換や提携においてもコミュニケーションが重要であることは議論を待ちません。一般職においても、上司との報連相などで業務を進める必要があり、これもまたコミュニケーションが重要です。

このように、どの職級であってもコミュニケーション能力は必要なのですが、テクニカルスキルにウェイトを置き、後輩や部下ができ、出世していくにつれ、次第にコミュニケーションに主眼を移していく必要があるということです。チームリーダーを目指している方、そしてすでにその位置にある方は、このことを是非意識してください。

∨仲間のストレスに気づけ！　職場のストレス最前線

いまからお話することは、私がチームリーダーとしての立場にあったときのことですが、職場にいれば、どのような立場の方でもビジネスマンなら当てはまると思います。

私がプレイングマネージャーであったときの個人的な失敗と、組織的な失敗についてお話します。

まず、「個人的な失敗」。

一点目は、「部下の能力」「パーソナリティー」を心のどこかで否定していました。

二点目の失敗は、「特に部下への態度が横柄」「部下に無関心」であったことです。

部下に「坂上さん、ちょっとご相談があるのですが。」などと話しかけられると、相手の顔も見ずに、ＰＣ画面をにらみながら、「後にしてくれない？」と冷たく言い放ってしまうことがたびたびでした。たとえ話を聞いたとしても、その時の態度は、腕組みをし、ひきつった顔で〝面倒を掛けるなよ〟的なオーラを出しまくっていたのです。今思い出すだけでも、大変申し訳なかったと恥ずかしく思います。

三点目は、「上司としての威厳を部下の面前で保てなかった」ことです。

ある時、技術部門との打合せで、同じ職場のメンバーたちと出席をしました。

その際に、「チップセットとは何ですか？」と思わず質問してしまったのです。ＰＣのことに詳しい方でしたらご存じだと思いますが、ＣＰＵと並んで大切なＩＣのことを指します。そのとき、意地の悪い表情を浮かべて言い放った先輩の言葉を今でも忘れられません。「お前、こんな基礎知識も知らないのか。このクソが！」と二十人以上の出席していた会議で罵倒されたのです。プライドの高い私は、同僚の面前で罵倒され、頬が紅潮していくのを感じていました。目の前がくらくらと揺れ、今起こっていることは現実なのかと問いかけていました。同僚の軽蔑の眼差しも感じとることができました。


以上の三点は、私の職場における個人的な失敗です。いずれも自分も含め、部下や同僚のストレスにつながっています。

職場では様々なストレスが発生しています。「組織的失敗」の場合は、個人ではどうにもならず、ストレスコントロールは容易ではありません。しかし個人的な失敗であれば、いくらでも修正が効きます。

まずは、本書でコーピングの理論を理解し、あなた自身が変わることにより、上司や同僚、部下との、そして他部門関係者とのコミュニケーションが改善され、職場風土が変わります。そのことにより、あなたや周囲のストレスも軽減されていくのです。

＞会社人生を加速的に成功させる三つの視点

会社人生を加速的に成功させる三つの視点は、

①コミュニケーションの見直し
②ストレス対処
③効率的学習法

だと私は考えています。本書では、これらにそれぞれのコーピング技術を当てはめていきます。本書でご紹介するコーピング技術の特徴は、次の三点に集約されます。

①『セルフトーク転換』……自分の思考のクセを知り、物事の見方、捉え方、感じ方を変えていきます。
②『心理・身体を利用』……明日から職場で使える簡単なストレス対処法です。
③『学習系コーピング』……私のオリジナルで、ストレスフリーの効率学習法などがあります。

これらのコーピング手法で、会社人生を加速的に成功させることが可能です。
それでは、次章から早速、コーピング技術を学んでいきましょう。

第1章

これが新しい自分をつくる新ジャンル〝コーピング〟だ！

＞コーピングのルーツと定義

皆さんは「コーピング」という言葉はご存じでしたか？

コーピングとは、英語で「Cope（コープ）」という動詞に「ing」を付加したものです。「Cope」の意味は、「難局に対処する」「負けずに戦う」というようなもので、認知行動療法に基づいた心身調整によるストレス対処法を指します。

この「コーピング」について、よく尋ねられるのはその「ルーツ」です。

私の調査したところによれば、実はその歴史はまだ浅いようです。

初めて「ストレス」を定義したのは、カナダの内分泌学者、セリエです。一九三六年に動物実験による「生理的・疫学的研究」でストレス学説を提唱したことがストレス研究の始まりとされています。一九五〇年代になると心理学領域でも「ストレス」研究が盛んになり、一九六七年にアメリカの社会生理学者ホームズとレイによる「ライフイベント研究」、アメリカの心理学者　リチャード・s・ラザルスらによる「心理的ストレスとコーピングについての認知的理論」のように発展してきました。こののちに早稲田大学の客員教授にも就任したラザルスが一九六五年に刺激への対処手段を「コーピング」と呼んだようです。

次に、コーピングの定義ですが、「自分の感情に気づき、能動的に行動することで、感情をコントロール（自己調整）する技術」です。わかりにくいと思うので、図1-1を見てください。

横棒は、心のニュートラルな状態、つまり平常心を表します。そこに、刺激（「ストレッサー」といいます）が加わると、例えば悲しいことがあればへこみますよね。それが心身のひずみの状態です（ひずんだ状態を「ストレス」と呼びます）。このストレス状態を解消して元の状態にしないといけません。そのストレス状態を平常な状態に戻そうとする試みのことを「コーピング」と呼ぶのです。

横道にそれますが、以前、地元の商工会議所のセミナーで、おばさま方に「コーピングって聞いたことがありますか？」とお尋ねしたことがあります。

そのような問いかけに、大抵は一同首を横に振ります。しかし、そのときは「あ、あたしは知っているよ！」「あたしも利用したことがあるよ！」と言われました。よくよくお聞きすると、それは確かにコープなのですが、「生協（CO-OP）」でした！（笑）

このように、未だ日本ではまだ認知度はそれなりですが、発祥の米国では医療行為よりも

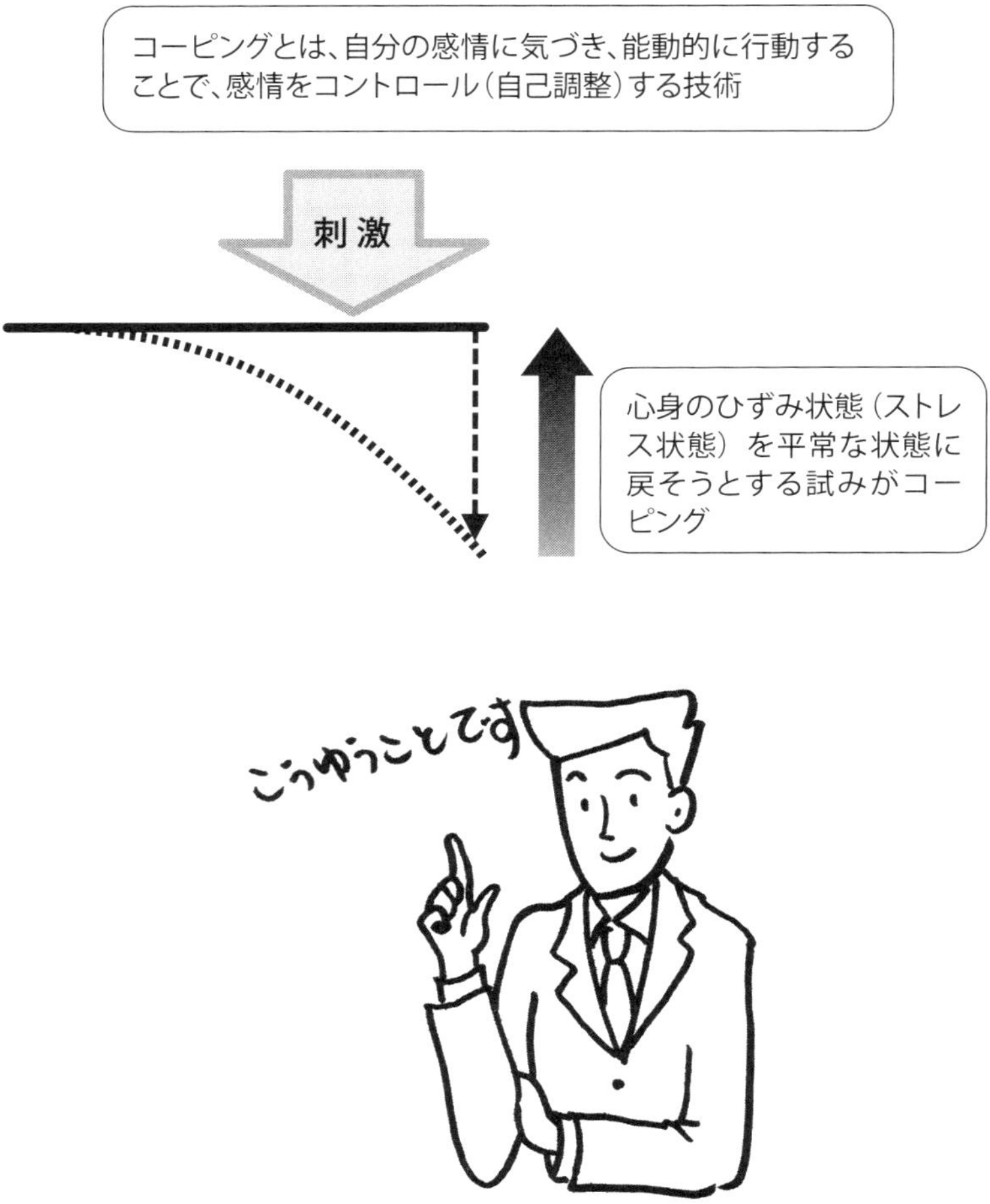

図1-1　コーピングとは何か？（Coping）

効果があった、というような報告もあるようです。

コーピングを日本に紹介された著名人として、「はじめに」で紹介した田中ウルヴェ京先生がいらっしゃいます。ソウル五輪の女子シンクロナイズドスイミング競技の日本代表として、小谷実可子さんとのデュエットで銅メダルを獲得された方です。現在、メンタルトレーナーとしてメディアにも登場され、ご活躍されています。

私は、田中先生の主催されるコーピングインスティテュートで、コーピングコーチの資格を取得しており、「ストレス対処コンサルタント」と名乗ることを許可していただいております。

＞コーピングは『ストレス相手の合気道』

コーピングの定義は、「自分の感情に気づき、能動的に行動することで、感情をコントロール（自己調整）する技術」と先程お話しました。

正直、ストレスのない職場は考えられません。このコーピング技術が素晴らしい点は、人間がストレスを抱えながらも、時にそれを上手く「活用」し、よりやる気を持って、能動的に積極的に活動していけるという点なのです。

後述しますが、ストレスは人間として活動していく上で、決して完全になくなるものではありません。ストレスは「消す」ものではなく、「活用」するものだと思います。ストレスと「どう付き合うか」が重要であり、さらにそれを「活用」してしまうことで、人生を建設的なものに変えることができると信じています。スポーツを例に取ると、例えばボクシングの「カウンター」という技術があります。不朽の名作「あしたのジョー」で登場する必殺の「クロスカウンター」というものです。相手がパンチを出すタイミングに合わせて、自分もパンチを合わせるという高等技術です。これは、相手がパンチを繰り出す瞬間に体重が乗っているため、力学的にダメージが倍増するという理屈です。

また、柔道・剣道・空手道等と並び、日本において代表的な武道の一つである合気道も同じ理屈です。合理的な体の運用により体格体力によらず「小よく大を制する」ことが可能であるとしている点が特徴なのですが、相手の力を利用して投げ飛ばします。

私は、コーピングとはこれらのスポーツと同じ理屈だと考えており、セミナーではよく、「コーピングは、『ストレス相手の合気道』です。」とお話ししています。

ストレスの「活用」という理屈をもう少し納得頂ける説明をします。

図1-2を見てください。実は、適度なストレスは人間のパフォーマンスを上げることが

適度なストレスほど人間はパフォーマンスを伸ばすことができる!!（ex. アスリートの限界を超えるトレーニング）

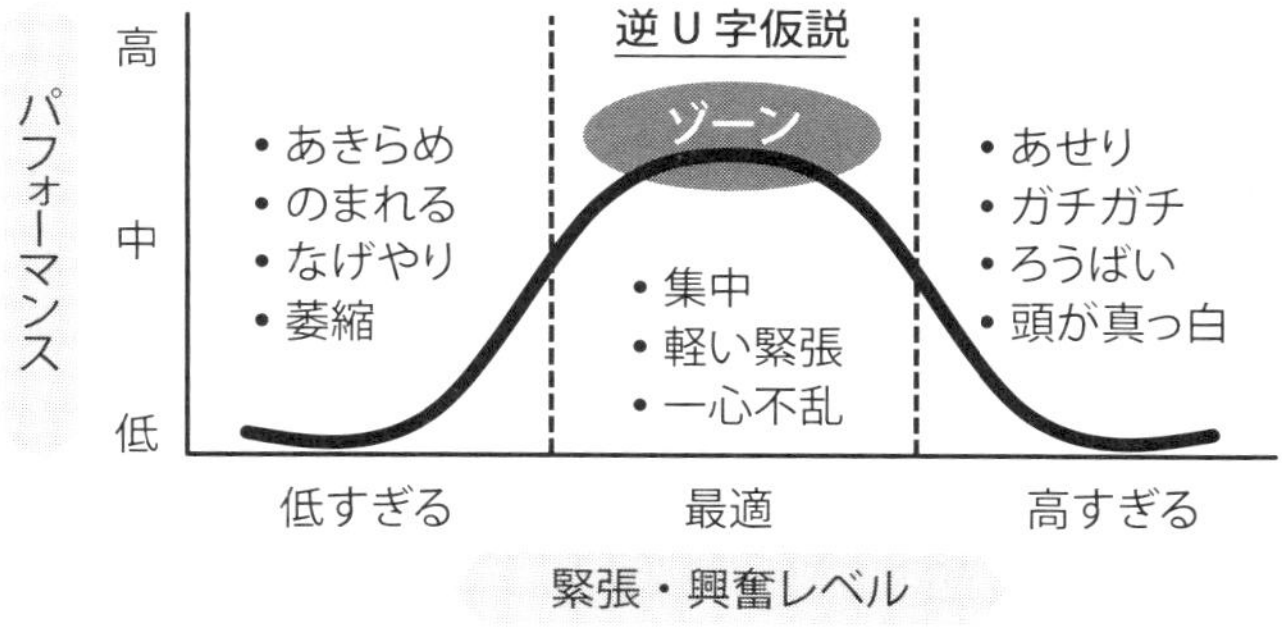

• ストレスは消すものではない、活用するもの！
⇒コーピングは『ストレス相手の合気道』
• 最適ゾーンが、職場コミュニケーションの肝！

図1-2　コーピングとパフォーマンス

知られています。図1-2のグラフは「逆U字仮説」と言い、本来は経済学で使用されているものですが、汎用性の高さから、スポーツ心理学でも利用されています。

スポーツ選手は、一流になればなるほど、意識的に自らストレスを故意に増やしていくトレーニングを行います。テレビでアスリートが加圧トレーニングなど、常人では耐えがたい過酷なトレーニングを行う場面を観ますよね。自分の越えなくてはならないハードルを少しずつ高くするという部分が、すなわち「適度なストレスを自分に課す」ということとイコールになるのです。

図1-2の縦軸は「パフォーマンス」、横軸が「緊張・興奮レベル」を示します。

図1-2が示す通り、心理状態が緊張から右側寄りになってしまうと、ストレスが掛かりすぎてガチガチになってしまいます。当然、自分の実力が発揮できず、結果が出せない状況に陥ります。

一方、ストレスの程度が左側によってだらけてしまう場合、実力を発揮させるための丁度よい心理状態にはなれません。つまり、ストレスは過剰でも少なすぎてもよくないのです。丁度よいのは、図1-2のように適度にストレスがある真ん中の状態がよいということになります。

このことは、職場コミュニケーションを改善していく上でも役に立つ知識です。

自分は、どのような場面でどのように逆U字を描くのか、同僚はどうか、上司はどうなのか。人によって緊張場面は異なるということに思いをはせることができれば、職場コミュニケーションも円滑にいくと思いませんか。この逆U字仮説の最適ゾーンが、職場コミュニケーション活性化の糸口になることを、まずは肝に銘じてください。

＞コーピングの特徴とは？

コーピングの定義や理屈という基本的な導入部分は理解頂けたかと思います。
このコーピングの特徴は大きく三つ挙げられます。

①アスリート、ビジネスマン、老若男女どなたでもできます。
②最短、一日三十秒のトレーニングで修得可能です。
③本当に自分が持っている実力を発揮できます。

①についてはもともと、コーピングはアスリート向けに活用されてきたものです。理論を学んでいくとわかるのですが、アスリートならば、コーピングというものを意識していなくとも、自然に身についていることが多いようです。有名なアスリートも結構活用しているよ

うです。お年寄りの方も、無理をせずに修得できる方法が沢山ありますので、心配ありません。また、一説には、ストレスの多い政治家も活用されている方がいらっしゃるようです。

私は、特にこれから放っておくと、ますますストレスフルな状況に陥りかねない職場に是非適用して頂きたいのです。ストレスチェック義務化対応として必須というだけではなく、コーピングは職場風土悪化の予防策にもなりえるのです。

②は、時間の掛かる手法もありますが、生活のスキマ時間、例えば、通勤時間や職場での休憩時間などの短時間で実施できる手法も多数あります。本書の中では、特に私自身が活用してきて、効果のあったものを中心に解説していきますので、楽しみに読み進めてください。

③は、このことが最も大きな特徴です。いかに精神的にベストの状態で業務をこなせるかが、ビジネスマンとしての今後を決めていくものと思われるからです。

これらの特徴を持つコーピングですが、種類も豊富です。恋愛、子育て、ダイエットなどというものもあります。要は、ストレスフルな状況にどう対処していくかを自分なりに考えていけば、何でもコーピング手法になり得ます。私は、お酒が大好きで、特に酒の肴は「焼き鳥」です。この焼き鳥を我慢することはコーピングなのかと、私をコーチしてくださった菊池啓子先生にお尋ねしたところ、「焼き鳥を我慢せずにたらふく食べることがコーピングとして正解です」と嘘のようなコメントを頂いた覚えがあります（笑）。これを「焼き鳥コーピング」と称してもよいのです。もっとも、食べ過ぎてダイエットコーピングが必要になるかもしれませんが。

因みに、私独自の「学習系コーピング」や「禁煙コーピング」、「お笑いコーピング」というものもあります。特に、学習コーピングは毛色の異なるものですが、効果は絶大です。将来組織を牽引するチームリーダーになる方にはお勧めのスキルですので、本書の終わりに章立てでご紹介します。

＞コーチング・NLP・メンタルヘルスとどこが違うの？

コーピングは、従来のコーチング・NLP・メンタルヘルスとどこが違うのか？と、よくセミナー等で質問されます。私も調査したのですが、結論としてニュアンスとしてしかお伝えできません。それは、従来のメンタルヘルスという言葉にしても、NLP、コーチング、いずれもその定義が流派によって違いますし、特にコーチングの各種資格団体もバラバラです。そのことを踏まえた上で、強いて違いを示すとするならば、それぞれ次のように説明したいと思います。

『メンタルヘルス』は、精神における健康のためのケアについてのこと。企業において、メンタル不全に陥った場合の対処に主眼を置くイメージが強いです。

『NLP』（神経言語プログラミング。Neuro-Linguistic Programming）は、心理学やコミュニケーションの活用テクニック集。心理療法のみならず、医療、ビジネス、教育、スポーツ、政治などの分野で活用されています。

『コーチング』は、未来への指導育成法。主にリーダー開発に利用され、目標達成に必要なスキル、知識、考え方を備え、行動することを支援し、成果を出させようとするものです。

それらに対し、『コーピング』は認知行動理論をベースにした理論背景は同じなのですが、前掲の三つの複合的な要素を活かして、メンタルタフネスの観点からさらに強い自分を作って、パフォーマンスアップを図るものです。予防的機能、モチベーションに比重を置くことが特徴です。

因みに、私がこのコーピングを勉強してきて感じることは、私がかつて勤務していた製造業の「モノづくり」と「コーピング」は似ているということです。

「コーピング」は、予防に主眼を置き、抑うつ感を未然に防いでいくのですが、「モノづくり」でも未然に品質をチェックし、不良品を出荷しないことを重要視しています。これからの企業は、製品だけでなく、人材にも注意を払い予防していくことが必要と感じるのです。

次に、コーピングの対象者ですが、メンタル不全に陥った方や、職場のチームリーダーといった特定の方が対象ではありません。格好良い言葉で言うと、たとえ困難があろうとも、それに立ち向かう勇気を失わず、日々をモチベーション高く、充実した気持ちで幸せに生きたい「全ての人」が対象です。

脱線してしまうようですが、昨今書店で、大ベストセラーの『嫌われる勇気――自己啓発の源流「アドラー」の教え（岸見 一郎・古賀 史健（著） ダイヤモンド社）』に代表されるように、「アドラー心理学」が流行しているのをご存じの方も多いと思います。この「アドラー心理学」は、別名「勇気づけの心理学」とも言われるのですが、過ぎ去った過去のことではなく、未来志向である点で、私は「コーピング」と非常に親和性が高いと考えています。そのため、アドラー心理学の良い点もコーピングに活用していきたいと学び続けています。

話を元に戻し、コーピングのカバーできる範疇はとても広いです。「ストレス対処」、「モチベーショントレーニング」、「キャリアマネジメント」、「目標設定トレーニング」、「リーダーシップトレーニング」、「タイムマネジメント」、「コーチング、コミュニケーション」等、活用の幅が広いのです。

このように、コーピングはあらゆる問題の対処法ですから、時にはNLP、コーチングを活用する等の手段も講じるケースもあります。時にはそのようなアプローチを経て、他のスキルと同様に、最終的にメンタルタフネスを獲得していく重要なスキルと私は考えております。

ストレスのベールを剥いでみる！（その一）

～ストレスって悪者なの？～

それでは、まずコーピングを学ぶ前段階として、ストレスについて理解をすることが先決です。「虎穴に入らずんば虎子を得ず」です。これから、ストレスの正体にせまっていきましょう。

「ストレス刺激（ストレッサー）」、「ストレス反応（ひずんで心身の反応として表れた状態）」とも、悪いものばかりではありません。例えば、上司からどうしても徹夜で仕上げなければならない仕事を命じられたとします。これを、「悪いストレス」ととらえるか、「良いストレス」ととらえるかで得られる感情や結果は随分と変わってきます。

- 『悪いストレスと捉えた場合』

「悪いストレス刺激」……やりがいがない、こんな仕事は無意味だと感じています。上司に怒られたくないため、徹夜で仕事をしています。

「悪いストレス反応」……恐ろしさでドキドキ、新しい挑戦なのでビクビクしています。

- 『良いストレスと捉えた場合』

「良いストレス刺激」……自身のキャリア形成など、自分の目標に向かって徹夜で仕事をします。

「良いストレス反応」……納期に間に合うかスリリングさを楽しんでいます。新しい挑戦なので知的意欲が湧き、ワクワクしています。

これでストレスにおける刺激も反応も、悪いものばかりではないことを理解して頂けたと思います。

「悪いストレス」は、ストレスを活用できていません。このままでは、健康を害したり、行動が阻害されたりするので、対処が必要となります。

一方、「良いストレス」は、ストレスをやる気に変えており、自身の成長の促進が期待できます。ここでも、ストレスはただ単に消すのではなく、活用すべきものということがわかると思います。

＞ストレスのベールを剥いでみる！（その二）

～ストレス刺激ってなに？～

次に、「ストレス刺激（ストレッサー）」についてお話します。ストレス刺激には、四つの種類があります。図1-3を参照ください。

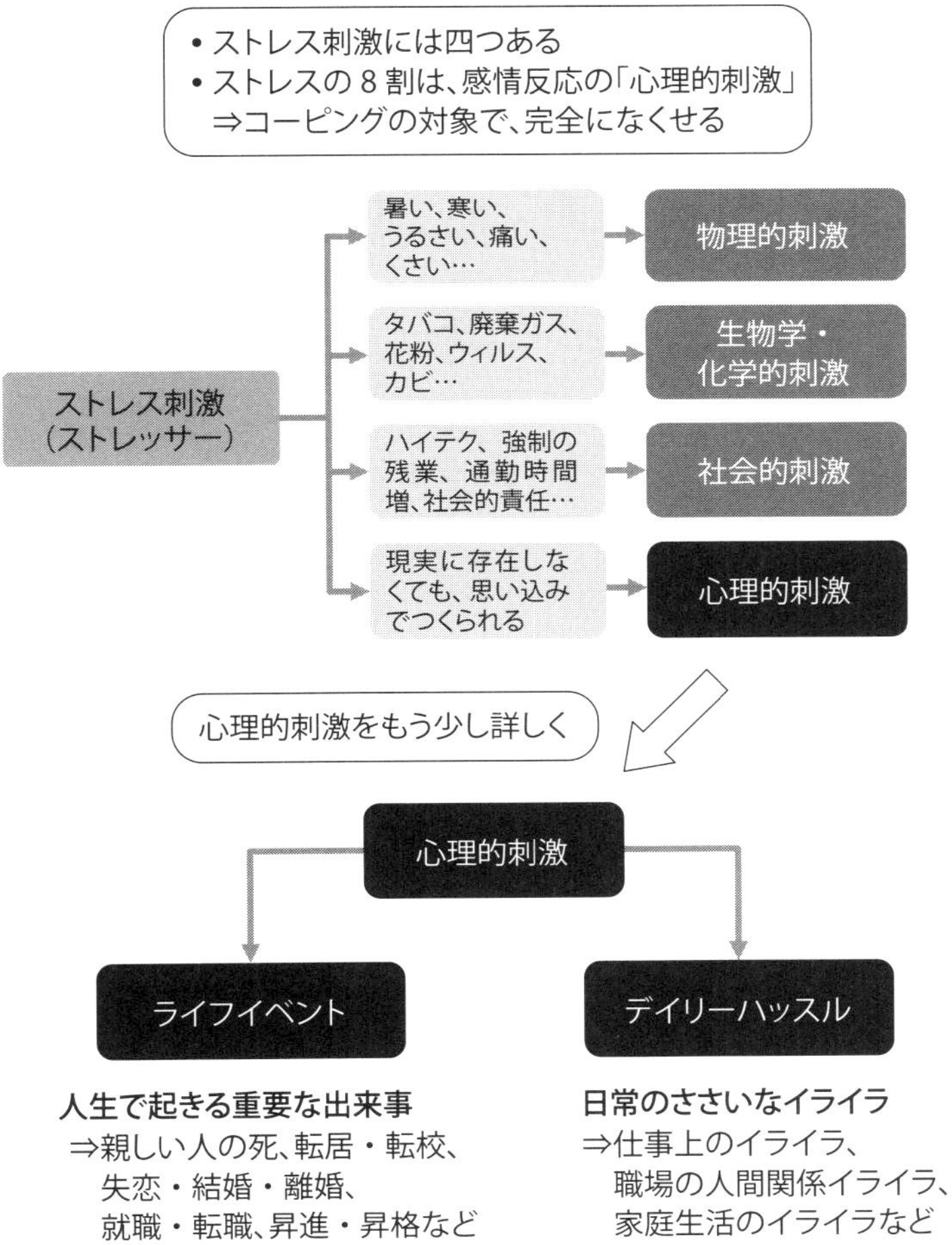

図 1–3　人は何にストレスを感じやすいのか？

・物理的刺激……………………暑い、寒い、うるさい、痛い、くさい
・生物学・化学的刺激…タバコ、廃棄ガス、花粉、ウィルス、カビ
・社会的刺激……………………ハイテク、強制の残業、通勤時間増、社会的責任
・心理的刺激……………………現実に存在しなくても、思い込みでつくられる

このように四つの刺激があるのですが、コーピングの対象は、最後の「心理的刺激」です。なぜならば、感情反応は自分が嫌だ、と思わなければストレスになり得ないからです。ストレスの八割はこの「心理的刺激」です。

もう少し、この「心理的刺激」について詳しくお話いたします。図1-3下をご参照ください。心理的刺激は、大別して二種類あります。

一つ目は、「ライフイベント」といって、人生で起きる重要な出来事を指します。親しい人の死、転居・転校、失恋・結婚・離婚、就職・転職、昇進・昇格などです。

本執筆中に、御嶽山が噴火する自然災害が発生してしまいました。死者数は雲仙・普賢岳の四十三人を超え、五十六人となる戦後最悪の火山災害との報道がありました。お身内の方々の心中を考えると、筆舌に尽くしがたいものがあります。

また、私は離婚専門の行政書士ですが、クライアントさんの相談を受けていると、涙の止

まらなくなる場面に遭遇することが多々あります。「ライフイベント」はこのように、人生に多大なインパクトを与えるものです。

このような問題が発生した場合だけではありません。結婚できないとか、お子様が受験で不合格といった、期待した起こるべきイベントが起きない場合にも大きなストレスを抱える傾向があります。このように、人生の転機となるような事象があると、一般的には多大なストレスの影響を受けると考えられています。

このライフイベントは、問題対処にあたり、次に述べる「デイリーハッスル」と比較すると、原因がわかりやすく、周囲の支援も受けやすいという利点があります。

二つ目は、「デイリーハッスル」といって、日常のささいなイライラを指します。仕事上のイライラ、職場の人間関係イライラ、家庭生活のイライラなどさまざまです。

人によってとらえ方が異なるので、イライラする人もいればしょんぼりする人もいます。そのため、「ライフイベント」とは異なり、周囲へのサインとして発信されにくく、本人でないとわからないということが多々あります。現在、情報過多や生活スタイルの多様化に伴い、このデイリーハッスルに対してこまめに対応していかないと心がひずみやすく、元にもどりにくくなっていることが社会問題として顕在化してきているのだと思います。

心の状態を、こまめにニュートラルに戻すことの繰り返しにより、ストレス耐性が強くなり、感情コントロールができるようになり、そして自信がつきます。
メンタルマッスルを鍛えるため、日常のイライラにどう対処するかは、最近注目を集めています。

＞ストレスのベールを剥いでみる！（その三）

～ストレス反応ってなに?～

次に、「ストレス反応」についてお話しします。ストレス反応には、「自分が気づく変化」と「周囲が気づく変化」の二種類があります。以下、それぞれ厚生労働省発表の「うつ対策推進方策マニュアル」より抜粋します。

『自分が気づく変化』
- 悲しい、憂うつな気分、沈んだ気分
- 疲れやすく、元気がない（だるい）
- おっくう、何もする気がしない
- 食欲がなくなる

- 寝つきが悪い
- 人に会いたくなくなる
- 夕方より朝型の方が気分、体調が悪い
- 心配事が頭から離れず、考えが堂々めぐりする
- 失敗や悲しみ、失望から立ち直れない
- 自分を責め、自分は価値がないと感じるなど

「自分が気づく変化」で気をつけたいのは、私も経験があるのですが、「寝つきが悪い」、「夕方より朝型の方が気分、体調が悪い」ことです。これらは、うつの初期症状とも言われています。徹夜は脳を破壊するといわれることからも、睡眠はメンタルヘルスの上で、とても大切なことと思います。もし、職場でこのような症状が聞かれる場合、特にチームリーダーと言われる方々は、気づいた段階で「どうしたの？」と声掛けをする姿勢が必要です。相手に安心感を与えるためにも、会社に損失を与えないためにも、特にチームリーダーの方々は仮に、社員一人が休職した場合、年間で四百万～六百万の損失があると言われています。相手に安心感を与えるためにも、会社に損失を与えないためにも、特にチームリーダーの方々はお気をつけください。

次に、「周囲が気づく変化」についてです。

『周囲が気づく変化』
- 以前と比べて表情が暗く、元気がない
- 体調不良の訴え（身体の痛みや倦怠感）が多くなる
- 仕事や家事の能率が低下、ミスが増える
- 周囲との交流を避けるようになる
- 遅刻、早退、欠勤（欠席）が増加する
- 趣味やスポーツ、外出をしなくなる
- 飲酒量が増える

「周囲が気づく変化」はわかりやすいのですが、特に近しい方から声掛けをする場合は、客観視ができず、深入りしてトラブルになるケースがありますので、ご注意ください。「友人として言っています」、「私でできることはあるかな」「あなたを見てきて思うのですが」と、一歩引いて聞くスタンスが重要です。

次に、「ストレス反応はどのように表れるか」という切り口でもお話します。これは、身体に表れますし、心にも表れます。

「身体的な症状」には、急性と慢性があります。急性は「心拍数・血圧の上昇」「発汗」、「瞳孔の拡大」などが挙げられます。慢性は「胃潰瘍」「高血圧」「過呼吸」「円形脱毛症」などがあります。

一方、「心理的な症状」にも、急性と慢性があります。急性は「怒り」、「不安」、悲しみ」などの感情や気分の興奮です。慢性は「注意力の低下」、「物忘れ」、「抑うつ感や絶望感」などです。

ご参考までに、これらのストレス症状を出さないための考え方は、時代とともに変わってきているということをお話しておきます。

従来は、『ハーディネス』といって、「コミットメント」、「挑戦性」、「統制感」といった三つの要素を先天的に持ち、自然体でストレス対処できる人が健康だ、とされてきました。しかし、現代は電子メールや携帯電話などで情報の流通量が多くなり、時間の流れも早いため、ストレスフルな状況に陥りやすい傾向があります。そのため、『レジリエンス』といって、仮に落ち込んでも自分で元の平常な状態に戻れるような能力の獲得が必要、というように柔軟性が対処法として重視されてきています。

これはコーピングの考え方そのものと言えましょう。

ストレスのベールを剥いでみる！（その四）

～ストレスの感じ方は人によって異なる？～

職場環境で大切な要素にもなりますが、ストレスの感じ方は個人ごとに異なるということを知っておくべきです。これだけ複雑かつ選択肢の多い社会において、個人の価値観はダイバーシティ、すなわち多様性をきわめています。

人はどうしても自分の物差しで物事を判断してしまいがちです。自分にとっては大した問題ではないので気に留めなくても、相手は同じ事柄に対して、非常に不快感を持ったという話は日常茶飯事ではないでしょうか。

職場の仲間がどのような事柄にストレスを感じるのかを理解することは、職場を活性化させ、風通しの良い環境やチームビルディングを行いやすい環境を作るきっかけになるのです。

ここで、「ストレスの感じ方は人によって異なる」ということがわかる簡単なテストを図1-4に紹介します。是非、職場で照らし合わせて話し合ってみてください。

実施方法はかんたんです。図の7個の設問に対し、非常に強く感じるものには「4」、か

あなたのストレスに気づいてみよう

以下の①～⑦の七つの状況になった場合、あなたならば、それにどの程度のストレス（不安や怒り、不快感など）を感じるでしょうか。右側の4段階から、自分に該当する（と思われる）ものを選び、数字（4～1）に○をつけてください。

設問番号	設問文（状況設定）	非常に強く感じる	かなり感じる	多少は感じる	とくに感じない
①	原因不明のウィルス性の病気だと診断され、治療法がないと言われた	4	3	2	1
②	重要なプロジェクトの責任者に抜擢をされた	4	3	2	1
③	提携先との打合せにタクシーを利用したにも拘らず、間に合わなかった	4	3	2	1
④	人前で、他人にミスを指摘され、恥をかかされた	4	3	2	1
⑤	友人の結婚式でスピーチをする	4	3	2	1
⑥	意中の異性と出張のため、昼食を二人だけで食べることになった	4	3	2	1
⑦	後輩なのに、敬意を払わず平気で嫌味ばかり言う	4	3	2	1

図1-4　ストレスの感じ方には個人差がある

なり感じるものには「3」、多少は感じるには「2」、とくに感じないには「1」をつけてみてください。

周囲の方と自分自身の結果を比較してどんな感想を持たれましたか？

セミナーのワークで、グループ毎に受講生に感想をシェアしてもらうと、結構盛り上がります。試しに、私とあなたとで比較してみましょう。

「設問番号①：原因不明のウィルス性の病気だと診断され、治療法がないと言われた」にあなたは何番をつけましたか？　通常は、「4」の方が多いのではないでしょうか。

感染されてしまった方々には大変申し訳ありませんが、本書執筆中の平成二十六年夏に日本中をにぎわしたデング熱、西アフリカを中心に感染者一万人を超え、致死率が脅威の50％～90％と言われる「エボラ出血熱」などであれば、確実に「4」を選択せざるを得ません。

本設問では、私は設問番号①は「1」を選択しています。なぜならば、会社員時代に四十度近い高熱で入院をしたことが二度、入院まではいかなくとも一度あり、それらはいずれも同じ病院で「不明熱」と診断されたのです。つまり、医師の診断はオオカミ少年よろしく、私は聞きなれてしまっているのです。

「設問番号⑥：意中の異性と出張のため、昼食を二人だけで食べることになった」ではどうでしょう。私のセミナーでは受講生は「1」や「2」を選択する傾向が強いです。とっても羨ましいです。私はなんと「4」なのです。可愛らしい女性は私も好きですが、高校が男子校であった影響もあるのか未だ意識してしまい、このようなシチュエーションは正直今でも苦手です。

それでは、なぜこのようにストレスの感じ方に個人差があるのでしょうか。

どんな出来事に、どのくらい強くストレスを感じ、どのような反応を示すのかは二つの要因に影響されているためです。

その二つとは、性格の傾向や問題への対処能力に関わる「物事のとらえ方、受け止め方」と、職場環境や対人関係、家族などの「環境」の二つの要素の掛け合わせが原因なのです。

そのため、同じ環境でも、人によってストレスの強さも反応も異なってくるのです。

テストや他人と対話することで、「自分を知り、思考のクセを知る」、「他人の価値観を認め、尊重する」ということが、コーピングで最も重要なことだと理解してください。

▽心の強さは変えられる？

今までは、ストレスの正体を探ってきました。今度は、ストレスに耐えられるような強い心に変えることができるのかをお話していきたいと思います。

突然ですが、あなたに質問です。「自分の心の強さは、生まれもった状態のまま、一生変わらないものでしょうか？　それとも、やり方次第では変えられるものなのでしょうか？」三つ子の魂百まで、と言われるくらいだから、変えられないのではないか？　と思われた方もいらっしゃるかもしれません。確かに、成育歴は恐ろしいほど、その後の人生に影響を与えていくものです。しかし、この質問は「成育歴に基づいた性格」を問うているのではなく、あくまで心の強さである「メンタルタフネス」を後天的に獲得できるか？　という問いなのです。

- 自分の感情を上手くコントロールできる
- ライフイベントのように大きなストレスがあっても耐えることができる
- 物事を柔軟に考え、対応できる

このようなことは、実は思考のクセを変えたり、行動を変えることによって可能になるのです。そのためには、「自分なりのセルフコントロール術を持つ」ことがキーポイントになります。その方法が「コーピング」であり、自分自身でモチベーションを高めることができ、「メンタルタフネス」を獲得できるのです。

ここで、わかりやすい事例をご紹介しましょう。

ある企業で、職場のエース的存在として多忙な毎日を過ごし、目前に課長昇進試験を控えたライバル関係のAさんとBさんがいたとします。課長昇進試験は、一次試験が筆記試験です。これをパスした課長候補者のみが二次試験の社長面接に臨むことができます。この社長面接に向け、課長となる自分がどのようにイニシアティブを執り、チームを牽引し、会社に貢献していくのかという内容のプレゼンテーションの練習を合計5回こなさなくてはなりません。プレゼン練習といえども、聴講メンバーは、事業場の執行役員、事業部長、各部門長などのそうそうたる面々です。この前提で、第四回目の面接までのAさんとBさんの過ごし方を比較します。

まず、「Aさん」です。幹部候補生であることから、通常業務に加え、新規事業の部門横断の特別プロジェクトの業務も抱えていました。

そのため、毎週のように休日出勤しており、日曜日はくたくたで家族サービスもできず、寝だめをしていました。上層部へのプレゼン練習も3回ほど実施しましたが、アピールポイントもほとんど見つからず、非常に焦っていました。四回目のプレゼンが近づくにつれ「今度は絶対失敗できない。失敗したら人生の終わりかも！」という負の感情で心が押しつぶされる感覚でした。結局、四回目のプレゼンも失敗に終わりました。「自分は会社のお荷物なのかも」と思い始め、ただでさえ帰宅時間が遅いのに、朝まで眠れなくなってしまうことがしばしばありました。そのため、出社拒否までには至らなかったものの、泣く泣く半日休暇を取得して睡眠を取ることもありました。

一方、ライバルの「Bさん」です。昇進への意欲が非常に強いタイプで、「いまが頑張りどきなのだ！　絶対、昇進してやる！」と息巻いていました。多忙で帰宅時間も遅かったのですが、お酒が飲めないため、晩酌の代わりに、長風呂でリフレッシュしていました。プレゼン練習では、Aさんと同様、上層部からなかなか良いコメントをもらえませんでしたが、毎回チャンスと思ってコメントに感謝し、次回は期待して欲しいと言って、やる気をアピールしていました。業務時間内はフル稼働しているにも拘らず、お昼休みにはマラソンをし、柔軟体操も継続していました。三回目のプレゼンまでは散々の内容でしたが、常に気持ちを切り替え、〝過ぎたことは後悔しても仕方がない！次こそやってみせるぞ！〟と思って次のプレゼン練習の準備に余念がありませんでした。結局、四回目のプレゼンでとうとう上層部からのお墨付きコメントをいただくことができ、社長面接の本番までに心の余裕ができました。

さて、あなたに質問です。プレゼン練習の段階ですが、Bさんは成功に近づき、Aさんは成功の糸口すら見えません。いったい、二人のどこが違ったと思いますか？

解答は、「Aさんは、ストレスを感じても、特に何も対策を講じなかった」、「Bさんは、普段から自分の心を意識的にコントロールしていた」です。

恥ずかしながら申し上げましょう。勘の良い方はお気づきと思いますが、Aさんというのは、「実は私のこと」です。結局、私はなんとかかんとか課長試験に合格することができましたが、年月が経った頃、Bさんの過ごし方を聞いて色々勉強になりました。

本項の最初に触れましたが、「自分なりのセルフコントロール術を持つこと」、そして「普段から実践すること」がメンタルタフネスを獲得する上で、非常に重要なポイントである、ということをおわかりいただけたかと思います。後述するコーピング手法を参考に、是非ご自分に合った方法を見つけ、普段から実践するようにしてください。

>心の四つのサイクルを知ろう

前項で、心の強さ＝「メンタルタフネス」は、後天的に獲得できることをお話しました。本項では、ストレスがどのように生み出されるのか、効果のある対策を考えていくためにも、心の仕組みについて知っておきましょう。

図1-5をご参照ください。ストレスの発生過程を概念図にしたものです。

人は外部の出来事である「刺激（ストレッサー）」を受けると、心の中で「それをどのようにとらえるのか（評価）」、「どのように感じるのか（感情反応）」、そのとき「身体はどのような状態になるのか（身体反応）」という関係を示しています。

実は、心理的刺激の場合、その刺激そのものが我々をストレス状態にさせているのではありません。四つのサイクルの「評価」の部分で自分達をストレス状態にさせているのです。極端に言えば、自分たちがストレスになりたいから、自分たちでそのようにさせているのです。刺激を与える出来事そのものには、何の意味もありません。自分たちの思い方、意味づけで変わってくるものなのです。

具体例を入れながら、順を追って見ていきましょう。

心理的刺激の場合、その刺激自体が我々をストレスにさせているのではなく、我々の評価の部分で、自分たちをストレスにさせている

図1-5　心の四つのサイクル

まず、「刺激」のステージです。刺激とは、ストレスが生じるきっかけです。ビジネスマンであれば、「失敗できないプレゼンがある」、「苦手な取引先の担当者に会う」、「頑張ったのに、ほとんど昇給しなかった」など様々な刺激が考えられます。

次のステージでは、その刺激に対してどうとらえるかという「評価」を自分自身の心の中で行います。「失敗したらどうしよう…」、「上司に嫌われたら終わりだ…」、「ミスを叱られるに違いない…」など、ここの解釈で次のステージの「感情反応」、「身体反応」が大きく変わってきます。

最終ステージは、評価の情報により、「感情反応」、「身体反応」に分かれます。「感情反応」は、「不安」、「悲しみ」、「怒り」などです。「身体反応」とは、「手が震える」、「冷や汗が出る」、「声が震える」などがあります。この感情反応と身体反応には相互に影響を与えるケースもあります。感情反応が先に生じて、そのために身体反応が生じる、あるいはその逆のパターンもあります。

このように、人間の心には刺激から反応までの四つのサイクルがあるのです。

コーピング技術は、この四つのステージそれぞれに当てはまるものに一種類を加えて、五種類ありますのでご紹介します。

①刺激に対するコーピング……自分のストレッサーとなるものを理解し、能動的に調整・除去・回復をする
②評価に対するコーピング……自分の思考のクセに気づく
③感情に対するコーピング……いま、この場で起こっている感情に気づき、適切な状態へとセルフトークを使って調整をする
④身体に対するコーピング……発生中の身体ストレス反応に気づき、それを鎮め、体制を整える
⑤社会支援コーピング……前述のどのステージにも関係する。自分がこまったときにサポートしてもらえる人々をあらかじめ選択しておき、必要に応じて使い分けるというもの。

社会支援コーピングについて、いままで触れてこなかったので、もう少し説明します。自分をサポートしてくれる人々を五種類に分けておきます。

自分がベストを尽くせるようにしてくれる「叱咤激励メンター」、自分を応援してくれる

「外巻きの支援者」、あなたに何が起きようと永遠にサポートしてくれる「永遠の支援者」、有益な情報や技術を提供してくれる「情報提供マン」、あなたに否定的で反対の立場をとる「ライバル」です（『メンタルトレーニング実践講座』田中ウルヴェ京著　ＰＨＰビジネス新書より）。

このように、五種類のコーピング技術がありますが、本書ではビジネスマンが職場でコーピングを活用、実践していく上で必須の「評価」「感情」「身体」にスポットを当てていきます。

＞心の「評価」で会社人生は大きく変わる！

「心の四つのサイクル」でお話したことからわかるように、実は心の「評価」の部分が最も大切です。メンタルを強化すれば、職場で自分の力を存分に発揮し、人間関係が良好になり、組織の生産性も上がります。この評価次第でメンタルタフネス度が高まってくるのです。

いままでのあなたは、過去の「環境」「関わってきた人」「体験」によって人間性が形成されてきています。いままでお話してきたように、いまからでも捉え方を変え、ポジティブになることは十分可能です。ポイントは、次の三点です。

①自分の心やストレスを「知る」
②出来事のとらえ方を「変える」
③自分なりの方法を「実践する」

これらを順を追って実践していくことが重要です。

まずは、自分を知ることから始めます。自分の心の状態や考え方の傾向を知ることが最初のステップであり、とても重要です。

「自分は、マイナス思考なのか？　プラス思考なのか？」、「自分はどんな刺激をどのように評価しているのか？　どういう思考のクセがついているのか？」、「評価の部分で、自分特有の思い込みはないだろうか？」と常に自分に問う姿勢が重要です。

人によってストレスの感じ方は異なることはお話ししましたが、当然、自分も他人とストレスの感じ方は異なりますので、自分を知るということは、自分に適した対処方法（コーピング）を考えるベースとなります。

また、自分がどのような場面でストレスを感じるかを知っていると冷静さを保ちやすいです。すなわち、「自己客観視」することができ、感情をコントロールすることができるのです。

コーピングの教室に通って教えていただいたのですが、「自己客観視」をするテクニックとして、〝クリオネを頭上後方に飛ばすイメージ〟を思い浮かべるとよいそうです。

クリオネというのは、透明で深海をふわふわと漂う愛らしき生物です。そのクリオネがあなたがストレスを抱える場面に遭遇したとき、そのクリオネの目であなた自身の言動を観察すると、客観的に見ることができるという理屈です。最初はなかなかうまくはいきませんが、慣れていくので大丈夫です。私も未だに失敗するときがあります。

例えば、銀行のATMの脇に、財布を置き忘れて自宅に戻ってしまったことがあります。五万円以上の現金と、クレジットカード、免許証など大切なものが入っていました。自宅から銀行のATMまで車で五分程度の距離なのですが、顔面が火照り、心臓の鼓動が耳元で聞こえ、汗がどっと噴き出るのを感じ、生きた心地がしませんでした。クリオネを飛ばしましたが、当然ぐったりしていました（笑）。ATMまでの五分の長かったこと。当然、財布はありませんでした。ただ、運が良かったのは、その横にローンステーションの窓口があり、わらにもすがる思いで尋ねたところ、財布を届けてくださった子連れの女性と支店長が警察に五分前に届けに行った、とのこと。その奇特な女性の方のお蔭様で、九死に一生を得た気分でした。女性にはお礼のお金を渡し、支店長にも改めて菓子折りを持ってご挨拶に伺いました。私にとっては、とても大きなライフイベントだったのです。冷静になる訓練は人によって難しいとは思いますが、是非「クリオネを飛ばす」ことを意識するようにしてみてはいかがでしょうか。

次に、出来事のとらえ方を変えていきます。

「評価」の部分で、自分特有の思い込みはないかを考えていくことが特に重要と私は考えています。人間は、ピンチに陥ったときに次のようは誤りに支配されやすくなります。これを心理学では「ベイシックミステイク（基本的な誤り）」と呼んでいます。

- 決めつけ……………（例）そもそもお前はダメ社員なんだ
- 誇張…………………（例）「みんな」が言っているから
- 見落とし……………（例）自分の意見をかばうメンバーに心が及ばない
- 過度の一般化………（例）仕事を失敗しただけなのに人格まで否定「自分みたいな人間に注意されたくないよね」
- 誤った価値観………（例）必要のない自分が職場にいたら、会社に迷惑が掛かる

私のセミナーでは、受講生が自分自身の思考のクセを知る目安として、簡易のストレスパ

ターン傾向テストを行いますが、この「ベイシックミステイク」の特に「決めつけ」に関わる「べき思考」、「どうせ思考」と呼ばれるパターンが多いです。

「べき思考」というのは、「自己過信型」と呼ばれ、自分や他人に対し、「こうあらねばならない」、「こうすべきだ」と決めつけ、イライラしてしまう傾向です。

例えば、私の例で言うと、かつて三十代の主任時代に連日深夜の一時、二時まで残業していたのですが、年上の先輩が「老体には残業はきついので先に帰るね。」と言うと、心の中でバカにしていました。「なんでまだ若いのに頑張る気力がないのかな!」と。しかし、自分が四十三歳になった途端、かつての私は傲慢であったことに気づきました。体力が急激に落ち、踏ん張りが利かなくなってきたのです。年上の先輩に対し、敬意を払わなかったことに、ひどく後悔した覚えがあります。

一方、「どうせ思考」というのは、「自信喪失型」と呼ばれ、ものごとを実際以上に大きな脅威と考えてしまい、落ち込んだり緊張したりする傾向があります。学生時代からの友人で、一緒に高みに上りたかったのですが、自身の不勉強を棚に上げ、言い訳や他人のせいにばかりしていた残念な方がいます。いわゆる「天動説」と言われる考え方の持ち主です。「自分は運が悪いのだ」、「上司が課長試験に落ちたからポストが空かず、きっと頑張っても自分は出世しない」など、口をつけばマイナスの言葉ばかりです。遠距離なので、電話や年賀状のみのお付き合いですが、今でもパッとしない人生を送っているそうです。

私はそのことに思いをはせるととても寂しいです。このような方は、自分に対するセルフ・イメージが小さく、なかなか自信を持てないのです。いまからでも学ぶことは遅くないので、言い訳せずに人生をまっすぐ歩んで行って欲しいと思っています。彼には是非、この本をプレゼントしたいと考えています。

『二十歳だろうと八十歳だろうと、学ぶことをやめた者は老人である

【ヘンリー・フォード】』

「べき思考」、「どうせ思考」のどちらも問題の所在は「根拠のない決めつけ」にあります。自分の価値観だけで他人を判断したり、自信のなさでチャンスをものにできないことは本当にもったいないと思います。常に自分で決めつけていないかを注意しましょう。

そのため、「決めつけ」に限りませんが、このような「ベイシックミステイク」に陥らないためにも、ものの考え方を変えていく必要があるのです。

COLUMN

ストレスを軽減させるオススメの食べ物とは?

ストレス解消のために、「食べる」ことを楽しみにされている方も多いと思います。私も料理を作ることも、食べることも大好きです!

ストレスを軽減させる栄養素としては、ビタミンB1、ビタミンC、カルシウム、タンパク質があります。ビタミンB1は、ストレスを受けると体内での消費量が多くなるため。牛乳や豚肉、白米、食パンなどに多く含まれます。ビタミンCは、ストレスを感じると副腎皮質ホルモンというイライラや不安感を抑えるホルモンの合成に必要です。特にフルーツにおいて含有量が多いようです。カルシウムは沈静化作用もあり、「心の安定剤」とも言われます。牛乳や小魚に多いですよね。タンパク質は、ビタミンCが前述の副腎皮質ホルモンを合成する手助けをします。肉、魚、卵に多く含まれます。

しかし、ストレス軽減に効くのはよいのですが、より即効性のあるものはないの? と思ってしまいます。そこで登場するのが「ガム」です。

ガムは集中力を高める効果があります。プロ野球選手がよくガムを噛んでいますよね。最近では、プロレスラーで噛んでいる選手もいるくらいです。もっとも、のどにつまらせて大変なこともあるらしいですが…。

実はこのガムを噛むことにより、イライラや不安感が軽減できるとされています。ガムを噛むときの一定のリズムによる咀嚼が脳に刺激を与え、「セロトニン」という神経伝達物質を増やすのだそうです。セロトニンとは、「幸せホルモン」とも言われますが、これが不足するとうつ病や不眠症、不安神経症などの心の病を引き起こす要因となります。セロトニンは、感情の波をコントロールし、メンタルタフネスを維持するため、すなわち集中力を高めたりストレス軽減に必要な物質と言えます。

この脳内のセロトニンを増やすには、朝日を浴びる、運動する、人と触れ合うといったことが有効ですが、特に「リズムを意識した運動」が比較的短時間でセロトニンを分泌させるそうです。つまり、一定のリズムでの咀嚼を必要とする「ガム」がストレス軽減に即効性のある食べ物と言えるのではないでしょうか。

すぐにイライラしたり、落ち込みやすい方は、是非この「ガムを噛む」という簡単なストレス軽減法をお試しください。もっとも、勤務中に噛むのがご法度の職場であれば、業務開始前に噛むようにしましょう（笑）。

第2章

あなたに合った「メンタルタフネスを高めるコーピング手法」はこれだ！

いよいよお待ちかねのコーピング技術そのものをお伝えしてまいります。

まず本章でお伝えするコーピングは「基本」スキルです。実際に職場でコーピングを取り入れ、風通しの良い職場にしていくためには、コミュニケーションの場面での応用が必要であり、ときにはNLPやコーチングといったコーピング以外のスキルも交えていくことが効果的です。それについては、次章でお話していきますので、まずはコーピングの基本テクニックを試してみてください。

どれも私が実際に使って、特に効果が高かったものをピックアップしていますので、ご自身でできるものからトライしてください。一日三十秒という短時間でできるものもありますし、一日三十分から一時間、その積み重ねで効果が出てくるのが1ヶ月以上を要するものもあります。少しずつで結構ですので、いまの自分が変わるイメージを浮かべて、楽しみながら試してみてください。

本書でお伝えするコーピングは、大別して三種類あります。

①言葉を使ったコーピング……………「セルフトーク転換」で心の持ち方を変え、新しい自分をつくります。

②心理調整術を使ったコーピング……心理学に基づく調整テクニックを活用します。

③身体を使ったコーピング……………明日から職場でもできます。身体を使って心を鍛えていきます。

＞『言葉を使ったコーピング』

■セルフトーク転換で自分を変える

それでは、さっそく「言葉を使ったコーピング」の説明をしてまいります。

「言葉を使ったコーピング」が実は最も重要かつ効果があると私は思っています。テクニックとしては、「セルフトーク転換」というものです。

「セルフトーク」というのは、自分の中でのおしゃべりのことを指します。声に出すことだけでなく、ふと頭に浮かぶ言葉もセルフトークです。例えば、職場の部内ミーティングで、あなたの順番が回ってきたとします。「他の発表者は成果が出ているのに、自分は目標未達だ。対策を突っ込まれてもいい案がないのでどうしよう…」この心のつぶやきがもとで、声が上ずり、汗も吹き出し、結局失笑されるでしょう。

一方、「明日の出張は得意先への成果報告だ。日帰りだが、お土産を買って一杯やるのが楽しみだ！　資料をバッチリ作りこむぞ！」と、仕事帰りのご褒美を楽しみに資料も完成。

このように、セルフトークは、マイナスにもプラスにも作用します。

そのようなセルフトークですが、どうしてもマイナスの方向に行きがちです。まずはその仕組みを解説します。

大半のセルフトークは、ネガティブな内容です。その理由を、オウム真理教信者などの脱洗脳で有名な脳機能学者　苫米地英人氏が「コンフォートゾーンの作り方（フォレスト出版）」の中で解説されています。人間はネガティブなことが記憶に残るのだそうです。その理由は、人間は失敗の積み重ねで学習していくため、自分達の目前の現実世界は、失敗の総合ということです。そのため、失敗の結果から抜け出すことは難しい、と苫米地氏は説明されています。ましてや、心理学者のシャド・ヘルムステッター氏によれば、人は生まれてから二十歳になるまでに、普通の家庭に育った人で、合計十四万八千回もの否定的な言葉を浴びせられているということです。このことからも、自分はこういう人間であるというセルフ・イメージ（自我）が行動力を抑圧するように否定的にプログラミングされていることがわかります。余談ですが、「子供を褒めて伸ばす」という教育方針は、このような理由によるため、意識的に行う必要があるのです。

しかも、このセルフトークは「言葉」、「描写」、「感情」などの五感を伴うため、脳の中で再体験をするのと同じ臨場感で、強烈なインパクトが生じます。

例えば、前述の苫米地氏の著書では「フットボールの試合のビデオで、選手がしくじった場面を何度も見せてしまうと実際に失敗しやすくなる。本人が気づいていない失敗を認識した時点で見せる必要はなくなる。」という内容が書かれていました。

このことで、私は新入社員時の失敗を思い出しました。それは、自動車事故の経験です。新入社員の私は、当時トヨタの人気車種「トレノ」で自動車通勤していました。

最初の事故は、狭い山道でした。免許取得したてで、対向車を通してあげようとバックしたところ、小さな泉のところに建立されていたお地蔵様を倒してしまい、後方のランプが破損しました。

次の事故は、そのランプを修理した当日です。市内のデパートの駐車場内の消火栓にぶつけてしまい、またもや修理したばかりのランプを再修理しました。

三度目の事故は、深夜残業の帰宅時です。たまには通勤経路と違う道で帰宅しようと思い、真っ暗な農道を走りました。気づくと前方に道がなく、危うく二メートル下の川に落ちる寸前でした。車体は堤防に亀の子状態でゆらゆら揺れ、自力で脱出できず、真夜中に警察に連絡しレッカー車を呼んでいただきました。

最後の事故は忘れもしない三月十四日の冬の出勤時です。前日、職場のお局様に「明日はホワイトデーだから、お返しの品を忘れたらただじゃおかないわよ。ちゃんと八時に持ってきなさいよ！」と言われていました。

しかし、フロントガラスに霜が張っており、遅刻しそうだったので、運転席付近のみにお湯を掛けて溶かし、そのままスピードを出して出発しました。視界が悪く、スピードも出ていたため、カーブを曲がりきれず、車体はまず横回転、そして縦回転と、当時流行ったドラマの「西部警察」よろしく派手な事故を起こしてしまいました。自動車は当然廃車となってしまいましたが、シートベルトを締めていたため、奇跡的に命は助かりました。

この例を出したのは、本当は不適切かもしれません。全て私がいけないのです。ただ、このセルフイメージを学んで思い出したのは、周囲に「お前は事故を起こしやすいんだから、運転に気をつけろよ」と何度も何度も聞かされていたことです。そのため、事故の程度がどんどんエスカレートしていったのです。ネガティブなセルフイメージが当時形成されていたのは確かです。

また、このセルフトークは、前述のように人間性に大きく影響を与えるため、自分だけにとどまらず、周囲にも大きく影響を与えるものです。職場の人間関係はもちろん、会社人生、プライベートも含めて、周囲をも左右してしまう非常に重要なものです。

わかりやすい話として、パソコンを例にとります。元シャープの顧問であった故宮永好道氏が残した『パソコンは、ソフトがなければただの箱』という言葉があります。パソコンを「人間の身体」、表計算やワープロなどのソフトを「研修やセミナーの知識・テクニック」としましょう。

ビジネスマンが上司命令で研修を受けたり、自己啓発セミナーを受けたりしたとしても、一向に成果が出ない、職場を変えられないことも多いでしょう。成果が出ないからまた新しい研修やセミナーに飛びついたり、その結果、ノウハウコレクターとかセミナーオタクと言われてしまうこともあるでしょう。中には、自腹で参加する意識の高い方もいらっしゃいますが、そもそもなぜ、身につかないのでしょうか？

その答えは、パソコンの例でいうと「ＯＳ（オーエス）」と呼ばれるソフトを制御する部分、つまり人間で言えば、「心」の部分が変わらないからだと私は考えています。心の状態が素直で健全で意欲的でなければ、いくらノウハウを次から次へと修得しようとしても、ザルで水をすくうようなもので、まさに砂上の楼閣。自分の心というＯＳをきちんと更新していかないと、いくら小手先のテクニックでソフトを買い替えても身につかないのです。

つまり、セルフトーク転換は、コンピュータでいえば、ＯＳをアップデートする作業なのです。最新の知識やテクニックを身につけ、人間関係を良好にし、職場の風通しをよくするためには、自分のセルフトークをコントロールし、正しいセルフトークで、心という

OSを継続的に更新していく必要があるのです。

それでは、セルフトーク転換をするコツをお話します。そのコツとは、ご自分の性格に合わせて「推奨セルフトーク」というものを意識的に活用していくことです。

上段に性格のタイプ、下段にアドバイスと推奨セルフトークを示します。

- ついイライラしてしまうあなたへ…「べき思考」で判断せず、冷静に分析を。「焦るな！」、「今、俺は怒ってしまっているぞ」
- ついオドオドしてしまうあなたへ…「どうせ思考」を止めて自信を持って。脅威をチャンスと思いましょう。「人は人。自分は自分」、「失敗は成功のもと！」
- ついクヨクヨしてしまうあなたへ…過去にこだわらず、対処不能なものは切り捨てましょう。「できることだけ考えろ！」、「次、行ってみよう！」
- ついモンモンしてしまうあなたへ…将来の不安より、現時点に注力して。「今、やるべきことは？」、「明日は明日の風が吹く」

・つい「ヘトヘト」してしまうあなたへ…完璧思考は疲れます。メリハリを工夫して。「肩に力が入り過ぎ！」「自分が思うほど、他人は自分のことなんか気にしていないよ」
・つい「ムカムカ」してしまうあなたへ…他人の言動に敵意を感じたらそれは根拠があるのか考えて。「言われるうちが花だな」、「心あるメッセージととるか、人生の岐路だな」

それでは次に、明日から職場ですぐ実践できるように、セルフトークを変える訓練をしましょう。まずは具体的な例を先に示しますので、あなたの職場にある例を考えてみてください。

大手電機メーカーで、予算・損益管理に携わる企画事務職、開発部門が主体の設計推進会議で、原価低減指示を出す立場。そのため、開発部門からよく反感を買う。こんなシチュエーションで使えるセルフトークを紹介します。

【企画サイド】

『例①』

（転換前）開発サイドは、高額部品ばかり使いたがるが、コスト意識に欠けているのでは？

↓

（転換後）高額部品による採算度外視は会社にとってよくはないが、開発サイドはお客さまの喜ぶ顔を見たくて必死になっているのではないか？

『例②』

（転換前）開発サイドは、設計開始前から安い部品を見つけておけばよいのに！

↓

（転換後）開発サイドだけで安い部品を調達するには限界がある。資材部とタイアップし、大量発注することで部品単価を下げることを提案してみよう。

【開発サイド】

『例①』
（転換前）企画サイドにはわからないのか！　今回、この最高の部品を使うのが新製品の売りなのに！
↓
（転換後）お客さまと会社の両方にとって満足する製品を設計するために、今回は、安くて手頃な価格でも、きちんと良い設計をしよう。

『例②』
（転換前）開発畑でやってきたのに、開発コスト削減のあおりで生産技術へ転属かよ！
↓
（転換後）今回の転属は、自分のキャリアの幅を広げるチャンスじゃないか。

これは、別名「ビリーフチェンジ」とも言います。人間は誰しも考え方のクセがあります。自分の中にある「コア・ビリーフ（中核の信念）」をポジティブに変えていくための方法です。自分の心を強く保つ、あるいは変えていくことは一朝一夕にはできません。日々繰り返し、習慣化できるまで頑張りましょう。このように、ネガティブな出来事も視点を変えればポジティブになれます。色々な視点から物事を見ることができるということは、人間力として必要ですし、メンタルヘルス上も大切なことだと思います。

■二十八日間、「感謝」の修行

前述のセルフトーク転換のもう一つのコツをお伝えします。それは、「感謝の気持ち」を持つことです。これは後で出てくる「コミュニケーションの見直し」でもキーワードとなります。世に言われる成功者、人生が上手く好転している人というのは、ほぼ例外なく「感謝」の気持ちを持っています。

私の最も尊敬するメンターに累計百万部のベストセラー作家、歯学博士、経営学博士、世界初のジョセフ・マーフィートラスト公認グランドマスターである井上裕之氏がいらっしゃいます。井上先生は、「学び」に一億円以上を投資された方ですが、その井上先生が航空機内でよく成功者と言われる方に「成功に近づくためには何が必要か？」と尋ねられたところ、その答えはほとんどが「感謝」という言葉だったそうです。

私は、職場でもっとたくさん、感謝の気持ちを持ち、人に影響を与えられるビジネスマンが増えた方がよいと思っています。もし、あなたが気配りできるようになれば、好印象を与えることができます。あなたがもし上司であれば、部下に安心感を与えることができます。決して媚びろと言っているのではありません。自己満足のためではなく、感謝の気持ちで同僚や上司に接し、風通しの良い風土が醸成されれば、組織の生産性、業績の向上につながるのではないでしょうか。

それでは、常に感謝の気持ちを持てるビジネスマンになるために、「感謝の修行」というトレーニングを紹介します。これは、二十八日間実施すると効果的です。

その理由は、成功哲学や自己啓発に興味がある方はよくご存じかと思うのですが、人間の習慣は二十一日間で身につくと言われているからです。今回は、さらに確実性を持たせるため、プラス七日間の合計二十八日間としました。

やり方は、次に述べる十項目に、ご自分の好きな項目を一項目加え、計十一個の項目に対し、毎晩就寝前に「感謝の気持ち」を書き出していきます。

「健康と身体」、「仕事と成功」、「お金」、「人間関係」、「情熱」、「幸せ」、「愛」、「人生」、「自然・地球・空気・水・太陽」、「物質的なもの・サービス」です。私は、この十項目に「学び」を加えて十一項目にしました。書き方の例として、実際に私が書いたものをご紹介します。

〈私の感謝の気持ち　十一項目〉

「健康と身体」

目、腕、指、内臓、脳、足等に感謝しています。その理由は、それらがあることで、自由な生活を謳歌できているからです。

「仕事と成功」

二十年以上の会社勤務で疲弊しきってしまったのですが、ここ二年は身体と精神を多少休められたことに感謝します。それは、第二の人生に向けたエネルギーチャージであり、準備時間の投資であるからです。

「お金」

いままで自分の生活に掛かってきたお金に感謝を持てるようになりました。その理由は、お金が汚いものではなく、どれだけ自分の生活・命を長くしてくれているものかを学ばせて頂いたためです。

「人間関係」

義理の兄が、兄弟で食事しようと誘ってくれたことに感謝しています。その理由は、普段できていない、皆で揃っての交流を図ってくれる気持ちが嬉しいからです。

「情熱」

山崎敏文さん（東京海上日動火災保険㈱、東京海上日動あんしん生命保険㈱総代理店、TOKIOエージェンシー代表取締役）のように、苦労を乗り越え、成功している立派な方が周囲にいてくれて感謝します。その理由は、いつも私を励ましてくださり、その腰の低さもあいまって、私の目標となりモチベーション維持できるからです。

「幸せ」

親子ダブル受験など、お金がかりで大変ですが、とても明るく幸せに生活できており、感謝の念に堪えません。その理由は、家族が健康で、コミュニケーションがとれているからです。

「愛」

私は、家族への愛を常に忘れたことはなく、大変感謝しております。その理由は、愛らしい家族の笑顔で、一家の大黒柱としての責任感とやりがいを感じているからです。

「人生」

いい顔をしている、と最近言われ続けており、自信がつき、とても感謝しています。その理由は、信念にブレがなく、努力の結果が表情に出てきていると思われるからです。

「自然・地球・空気・水・太陽」

佐野市の空気のおいしさに感謝しております。その理由は、とても清々しく毎日を送れているからです。

「物質的なもの・サービス」

インターネットができる世の中に感謝しています。その理由は、買い物でも調べものでも、そして今後のビジネスでも役に立つものであることを痛感しているからです。

「学び」

開業にあたり、必要な学習項目がどんどん出てくることに感謝します。その理由は、人間力向上と学ぶ意欲を満たしてくれるからです。

どうですか?

多忙なビジネスマンの方は、どうしても一日の大半を会社で過ごしているでしょう。仕事に没頭し、視野も狭くなりがちなので、一日の終わりに、自分を解放し思いを他にはせる必要があるのです。私も会社人間でしたから、仕事や人間関係で多くの試練にぶつかってきました。この「二十八日間の感謝の修行」は、管理職になって心身を損ない、コーピングと出会ったときに、自分で取り入れたものです。

「ああ、今は試練なんだな。これを乗り越えれば、次のステージできっと良いことが待っているはずだ。天は乗り越えられない試練は与えないはずだ。焦らずに、もう少し頑張って、この試練に感謝しよう」と思えることを「ありがたい」と感謝の気持ちに置き換えてみる習慣をつけるのです。

大切なことは、一つの事柄を色々な視点から物事をとらえて視野を広げることなのです。感謝できることをイメージして寝れば、翌日はすっきり目覚め、ポジティブ思考になっていますよ。

この「感謝の修行」の項目では、日々の職場に思いをはせることのできる項目もあるので、ストレス軽減の手立てとしても活用してみてください。

次に製造業に関する二つの例を紹介しますので、あなたも是非ご自分の立場で考えてみてください。

ポイントは、文末に必ず「ありがとうございます。」、「感謝します。」というように感謝の言葉を付加することです。

（例）

「仕事と成功」

新規プログラムのユーザテストでバグが見つかりました。現場の皆さんの協力のお蔭です。ありがとうございます。
「情熱」
深夜残業が続くが、当社ブランドの製品開発は、自分が背負っているという使命感があります。お客さまに喜んで頂ける情熱を持てることに感謝します。

＞『心理調整術を使ったコーピング』

次に、その日一日の自分の感情をコントロールできる心理学に基づいたコーピング手法をお話しします。

あなたは、出勤時に、「今日もやるぞ！」とやる気に満ちて職場に向かうことができていますか？「あ～あ、今日もだるいなぁ、ルーチンワークをこなせればいいや」なんて思いながら満員電車に揺られていますか？

私の先輩で不安障がいという病気に掛かってしまい、満員電車に乗ることができないため、地方に転勤された方がいらっしゃいました。いまはすっかりよくなられていますが、「普段からストレス対処に気を配らないと」とその先輩が仰っていたのを記憶しています。

■セルフコンディショニング

私たちは、物事の始まりの感情に引きずられやすいという特徴があります。そこで、朝の感情を意識的にポジティブに引き上げる「セルフコンディショニング」という方法を説明します。これを行うと、自分の感情をコントロールでき、一日のパフォーマンスを上げることができます。

やり方は簡単です。起床したら、出勤前に自分に話しかけるのです。鏡に向かって「おはよう！　今日も絶好調！」というようにポジティブな掛け声がよいです。

私はプロレスが大好きなので、アントニオ猪木氏のものまねをしながら、「元気ですか～っ！　元気があれば何でもできる！」と叫んでいます（笑）。朝から近所迷惑で、家族からもすっかり無視されていますが、それでも私は毎朝習慣にしています。

これは、「サイキアップトレーニング」とも言って、心のエネルギーを増幅させる効果があるのです。よくバレーボール選手や高校球児たちが、円陣を組み、全員で拍手をしたり、「オーッ！」と掛け声をかけている光景を目にしますよね。ときには、顔をたたいたりなんてこともしています。言葉を発し、身体刺激を与えることで、心が自動的に元気になってしまうのです。心と身体の相関関係はとても深いのです。

パ
ペッ

■ルーティン法

「セルフコンディショニング」と並んで、もう一つ効果の高い「ルーティン法」というものをご紹介します。これは、「自分の気持ちを切り替え、モチベーションを高める行動を、何か取り組む前に必ず行う、というサイクルをつくる」ものです。

メジャーリーガーのイチロー選手が、バッターボックスに入った直後に、バットを投手側に垂直に立てる動作をすることは有名です。先程のアントニオ猪木氏が現役時代に、リングイン直後に首にかけた赤いタオルでゴシゴシッと素早くこすったことも同じです。ビジネスマンのあなたも、出退勤時や休憩時にこのルーティン法を用いて自分を元気にしたり、やる気を出させたり、嬉しくなるような動作を繰り返してください。

私の場合は、「好きな音楽」を使って「自分をコントロールする習慣」を持っています。毎朝、仕事前に近所の河原を一時間かけてウォーキングすることを日課としているのですが、このとき、大好きなプロレスラーの棚橋弘至選手やオカダカズチカ選手の入場曲を聴いています。この曲を聴けば「パブロフの犬」のごとく、歩く姿勢が堂々となるのです。

このことは、心理学用語で「アンカリング」とも言います。アンカリングとは、五感の情

報をトリガーとして、特定の反応が引き出される仕組みのことを指します。舟のアンカーを降ろすがごとく、ある事柄を心に根差すことにより、反応を深層心理より起こすのです。

休憩時間を必ずコーヒーブレイクとする、ストレッチをする、おいしいものを食べるなど、きっかけは何でもオーケーです。定期的に実践し、日常生活の一部にこのサイクルを定期的に組み込んでしまいましょう。

要は、サイクル化することで、自分を良好なサイクル、つまり、「快」の状態を意識的に作りあげてしまうことが重要です。

■引き算コーピング

この方法は、ものも考えようというプラス思考がベースになっています。

嫌なことがあったら、引き算で考えるのです。「人生や一日の中では、嫌なことの総量が決まっている。だから、何か一つ嫌なことが起これば、その分だけ嫌なことの総量が減ったことを喜ぼう」という発想です。

職場における例を示します。

①上司に今日も叱られた

「（一日に叱られる回数を設定しておいて）よしよし、今日も叱られる回数が1回減ったぞ。」←

②残業を2時間しなければならない

「おーっ、あと2時間残業すれば、うまいビールにありつけるぞ！」←

考えてみれば、私たちは小学生のときから同じように過ごしてきませんでしたか？「あと十五分で楽しい給食の時間だ！」、「あと少しの時間で宿題を終わらせれば、テレビ番組を見ることができるぞ！」など、自然と自分を力づけることをしていたはずです。

人生において、嫌なことがある分だけ楽しみも必ずあるのです。マイナスの出来事も幸せの種になる、と気持ちを切り替えていきましょう。

■他人をほめまくる

皆さん、他人をほめることを得意としていますか？　このように聞くと、他人に媚びる人間のように思われるかもしれません。そうではなくて、他人の良い部分を見つけて伝えることができますか、という意味です。人間はどうしても他人の良くない部分にばかり目がいきがちです。誰しも完璧な人間などいないのに、足りない部分に焦点をあててしまいがちです。そのことが人間関係を難しくする要因なのです。

ほめられて嫌な人間はいないと思います。つまり、他人をほめれば人間関係は当然よくなっていくのです。特に最初はなかなか良い点を見つけられずに疲れてしまうかもしれません。しかし、例えば、上司から部下に対してほめ言葉を発していけば、部下は嬉しく思い、やる気が湧くのではないでしょうか。

「○○さんのこういう気づかいが、いつも嬉しいんだよな」、「おい、△△君の資料が正確だったので、会議で好評だったぞ。次も頼むな」などさりげなく言うとよいでしょう。

逆説的なようですが、他人をほめると自分に自信がつきます。それは、他人をほめていると、ほめ返しを受けるようになるからです。また、他人の良い点に着目するくせがつけば、視野も広くなるという特典もあります。

ビジネスマンには、とくにこの「他人をほめる」ことの重要性を理解し、実行していただきたいです。このことは、職場コミュニケーション、職場風土の改善にも必ずつながっていきます。

＞『身体を使ったコーピング』

最後は、身体を使ったコーピングで、身体から心を鍛えることができます。

身体の基本調整ができれば、ストレスも溜めにくい身体になります。もっとも取り組みやすく、効果も確認しやすいものですし、明日から職場で即活用できるものもあるので、是非楽しみながら取り組んでみてください。

■呼吸法を活用した瞑想

人間は、ストレスフルな状況下では、心も身体もともに緊張状態になります。

心身の緊張に多大な影響を与えているのが自律神経です。交換神経は緊張状態で優位に動き、副交感神経はリラックス時に優位になります。この交換神経の働きを抑制し、副交感神経の動きを優位にするリラクゼーションは、ストレス対処法として非常に効果的です。

まず、意識的にリラックスするための方法として「呼吸法を活用した瞑想」をご紹介します。呼吸法は奥が深く、それだけで一冊の本が書けてしまうほどです。

【方法】

①イスに腰掛けるか、座禅を組み、身体に力が入っていたら、意識してゆるめます

②小川のせせらぎのような静かな落ち着くBGMを流します。

③腹式呼吸をします。口からゆっくり五秒かけて吐き出し、また五秒かけてゆっくり鼻から息を吸います。そうしたら、五秒ほど息を止め、きれいな空気、きれいなエネルギーが全身に行きわたるイメージをします。黄金のエネルギーに包まれているところを想像してください。キラキラ輝く愛と光のエネルギーを吸い込みましょう。身体中にエネルギーと酸素がいきわたるイメージをしましょう。

④息を吐き出すときは、ネガティブな思い、不安、心配、悲しみ、病、自己否定など不要なエネルギーを吐きます。大地に返すイメージをしてください。

⑤呼吸を何度か繰り返しながら、普段感謝できていなかったことに思いをはせてみます。例えば、今まで長い年月、いつも自分のために働いてくれた内臓、筋肉、骨などに一度も感謝したことがないかもしれませんが、感謝しましょう。細胞にも意識があるので感謝しましょう。胸に手を当て、心臓の鼓動を感じます。いつもきれいな血液を細胞の隅々まで循環させてくれてありがとう、と愛と感謝のエネルギーを送ります。

胃にも手を当て、いつも食事を消化してくれてありがとうと感謝します。次は、右側にある肝臓にも手を当て、いつも解毒や代謝をしてくれてありがとう、とエネルギーを送ります。腎臓にも手を当て、いつも老廃物をろ過してくれてありがとう、腸にも手を当てて感謝します。二十四時間、ずっと動いてくれてありがとう、と自分の身体に心を込めて感謝しましょう。私たちは光り輝く存在です。愛と光で身体の細胞がキラキラ光るイメージです。

自分の心臓に手を当てて、魂に感謝します。この地上に降りてきて、よく頑張っています。色々な試練を設定したけれども、いままで一所懸命乗り越えてきました。自分は本当に

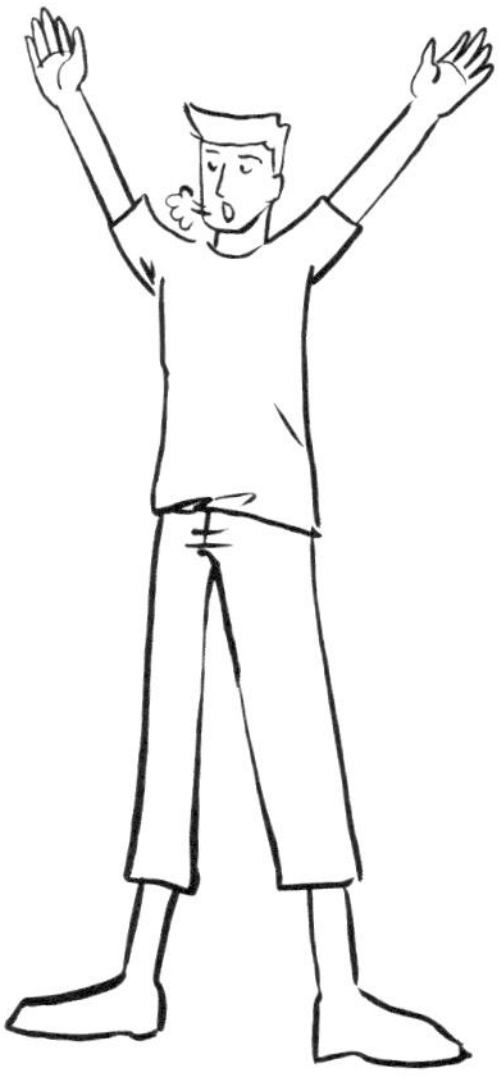

素晴らしい存在です。この肉体、境遇を選んだのですから、自分が大好きです。本当にありがとう、と自分の精神、魂、肉体に感謝します。

ご両親の顔を思い浮かべ、感謝の気持ちを送りましょう。私を産んでくれてありがとう。また、日頃お世話になっている方や大切な方を思い浮かべます。心の中で、どんなに感謝しているかを伝えます。ご先祖様にもいつも見守ってくれていてありがとう、と感謝しましょう。お蔭様で、毎日無事に過ごすことができています。

以上のように、多くのことに感謝しつつ、十分弱程度の時間で、腹式呼吸をしながら瞑想をします。これは、夜寝る前が効果的です。布団の中であればリラックスしたまま眠りにつけるので、質の良い睡眠をとることができます。

■筋弛緩法

次に紹介する方法は「筋弛緩法」です。

身体が緊張すると、筋肉が収縮状態になるのは先程述べた通りですが、その身体をほぐし、リラックスすることで精神的にもリラクゼーション効果が期待できるものです。やり方は次の順番で行います。

①その場に立ち、深呼吸を三回程度行う。
②中腰腰状態になるまで、身体の中心に力を集めるつもりで腕や肩、顔の筋肉に一気に力を入れ、緊張状態をつくる。顔は変な顔になって紅潮するまでやる。この状態を十秒程度キープする。
③一気に身体から力を抜き、ストーンと肩を落とすイメージで脱力する。
④脱力状態を十秒程度、脱力感を味わう。
⑤①〜④を三回繰り返す。

やってみてどうですか？　たったこれだけの動作で気分がすっきりしませんか？

この方法は、身体のストレスを解消するには非常に効果的であるため、心療内科やカウンセリングルームなどの臨床心理の現場でも実際に使われているそうです。

これなら、職場でもどこでも、すぐにできるので是非活用してください。

■歩くときにできる身体調整法

「身体を使ったコーピング」の三つ目のスキルは、「歩く時にできる身体調整法」です。私は、朝の河原を歩くウォーキングでも活用してしますが、ビジネスマンの方は徒歩での通勤時間を活用することができます。


やり方は、まず胸をがっと開きます。背中を丸めない程度で結構です。

そして、アゴをやや上向きにあげます。ここがミソです。人間は、落ち込んでいるときは、背中が丸く、視線が下に下がります。私が管理職時代にプチうつ状態に陥っていたときがまさにこの状態でした。むこう側からやってくる人との視線を避け、相手から先に挨拶してもらうことを期待していうネガティブな心境になってしまいます。

実は、アゴをやや上に上げるという形から入ることで、ネガティブな心境から脱却しやすくなります。試しに誰もいないところで結構ですから、その場に立ち、目線をやや上方の天井を見て、何かネガティブな言葉を発してみてください。「私はなんてバカなんだ！」、「救いようもないアホだ！」でも何でも結構です。

どうですか？　その言葉を真剣に強く言っても、そうは思えないのではないでしょうか。

このことを利用して、アゴを上に上げ、さらに頭を天井から吊り上げられて、ピーンと背筋が伸びて操り人形になった気分で大股で歩いてみてください。腹筋を絞め、さっそうと、スピーディーに歩いてみてください。気持ちも自然と上向きになるはずです。

気持ちがダメなら姿勢から入るのです。あなたは、できる格好よいビジネスマンです。自信を持ってください。

最初は、この歩き方はきつく感じるかもしれませんが、徐々に慣れますし、酸素を消費し充分な呼吸を確保しながらできる有酸素運動にもなるので、ダイエットにも効果がありま す。

■作業興奮

「身体を使ったコーピング」の四つ目のスキルは、心理学用語でいう「作業興奮」です。あなたは、職場で溜まった仕事をしようとするとき、取り掛かるのにためらうことはないでしょうか？　やらなければならない、すぐに相手に返事をしなくてはならないのに、あれやこれやと雑務が溜まり、ついやる気を失って後回しにしてしまう。そんなストレスを抱えた経験は私もあります。

実は、脳をだましてやる気になってしまう方法があるのです。アメリカの心理学者のレナード・ズーニン博士という心理学者が提唱した「ズーニンの法則」です。

それは、「物事は最初の4分が決め手になる」というものです。やる気、モチベーションは脳の「側坐核（そくざかく）」という場所でつくられるのですが、そのためにはある程度の刺激が必要です。つまり、やる気が出ないのは、動かないから側坐核が刺激を受けないため、当然の結果なのです。

ですから、職場で仕事に対してやる気が出ないときは、デスクに座り、とにかく4分間手を動かしてください。簡単なメール返信でもよいですし、ためらいのあった仕事のこの部分だけ細切れでやってみる、と決めてとにかく手を動かすのです。

例として、私の次男のことをお話しします。

次男は小学三年生の時に、登校拒否に近い状態になってしまいました。校門の近くまでいくと、気分が悪くなって嘔吐してしまうのです。そのため、通学班の友達と一緒に登校できず、一年半もの間、家内が車で送迎したり、手をつないで登校していました。それでもなかなか回復の兆候はみられず、会社を退職したばかりの私が家内に代わって手をつないで登校しました。会社人間でしたので、今まで父親として何もしてやれなかったことを悔い改めるべく、次男と登校を開始しました。そのときに、校門にどちらが先にタッチできるか走って競争するゲームをしたのですが、ゲーム終了後に必ず私が次男に声がけしたことがあります。教室に入るとすぐに震えが出て嘔吐したくなる気持ちになると言ってくれた次男に対し、「最初の4分間だけ、我慢してとにかく授業に集中してみないか。」でした。このアドバイスが功を奏したのか、お蔭様で次男は半年後に「お父さん、ボクもう大丈夫だよ！」と言ってくれて、普通に小学校に通えるようになりました。いまでは、少年野球でサードを守り、クリーンアップを打つ野球少年になっています。佐野市の陸上競技会では、六年生の部のソフトボール遠投で優勝するまでになりました。

あなたも、職場でやる気が出ない場合は、とにかく手を動かして側坐核を刺激しましょう。「作業興奮」を生じさせるためには、やり始めたらしばらくは中断しないことがミソです。そうすれば、きっとやる気が生じて業務に集中できるのです。

■笑う（お笑いコーピング）

「身体を使ったコーピング」の五つ目のスキルは「笑う（お笑いコーピング）」です。え？笑うだって？　といぶかしく思った方もいらっしゃると思います。あなどることなかれ、「笑う門には福来る」ということわざをご存知ですよね。実は、これまた奥が深いのです。

笑いの効果には絶大な効果があります。医学的に解明されているのは、笑うと前頭葉が興奮し、免疫機能ホルモンが分泌されます。すると、ガンを殺す細胞としても有名な「ＮＫ（ナチュラルキラー）細胞」が活性化するのです。笑いの効果はさまざまなものが認められ、動脈硬化予防、肩こり改善、ボケ防止、鎮痛効果、リラックス効果、カロリー消費などがあるようです。

私が以前勤務していた会社では、私を含め、背中が丸く、ため息ばかりついている方が沢山いらっしゃいました。少しでも改善し、前向きな姿勢をとれるよう、この「笑い」を意識的に取り入れます。笑い声を出しても出さなくても構いませんが、朝でも夜でも鏡の前でニッ、と笑ってみてください。最初は作り笑いでも構いません。口角を上げて、鏡の中での独り言も効果的です。

また、お笑い番組を観るのもおすすめです。私は、最近のお笑いはあまり笑えないのですが、ツボにはまると腹の皮がよじれるくらい笑ってしまうので、結構ストレス発散になります。昔のドリフターズやアントニオ猪木のものまね、紙芝居系のものが大好きです。

私が名づけたこの「お笑いコーピング」。単純ですが、プチうつ状態から徐々に回復してきたり、各種資格試験に合格してきた実績が私にはあります。毎日の生活に笑顔をつくる回数を是非増やしてください。

■泣く

「身体を使ったコーピング」の最後は、「泣く」です。

先程の「笑う」と同様、「泣く」という効果も絶大なものがあります。理由は、「笑う」と同じで、「泣く」ことでも副交感神経が刺激されるからです。つまり、リラックスできて、副交感神経の支配下にある免疫システムが活性化するのです。この交換神経と副交感神経のバランスが上手くとれない方がメンタル不全に陥っています。興奮する交換神経を鎮め、リラックスする副交感神経を活性化させるために、この「泣く」ということも試してみましょう。

ただし、悲しい感情で泣くと、逆効果で気持ちが落ち込んでしまうので、意図的に感動や共感の涙を流すようにしてください。私は、感動するアニメやドラマ、映画は大の苦手なのですが、一年に一度ＴＢＳ系列で放映される「ドラフト緊急生特番！お母さんありがとう」というプロ野球ドキュメンタリー番組だけは見ています。苦難を乗り越え、ドラフト指名を受けた息子と支えた親の感動ストーリーは、この殺伐とした世の中にあって、すがすがしい思いを家族で共有できる貴重な番組と思うのです。あなたも是非感動の涙を流して、ストレスを解消してみてください。

COLUMN

モックモクの喫煙所で情報交換をまだやりたいですか？（禁煙コーピング）

この本を手に取られているあなた、タバコを吸われていらっしゃいますか？　もし吸われていて、止めたいのだが止められない、という方のために書きますね。

そんなあなたの気持ちは痛いほどよく理解できます。なぜなら、かつては私も一日一箱半を吸うヘビースモーカーでしたから。タバコのデメリットを今更ですが述べましょう。ニコチン、タール、一酸化炭素などの有害物質は、身体の細胞の老化を早め、ガンの原因となる活性酸素を多量に発生させます。心臓病、脳卒中、高血圧、糖尿病などの生命に関わる重大な病気を引き起こします。

「タバコ銭」はいくら使いましたか？　私は、二十年間で二百十九万円使いましたよ。高級車を一台買えますよね。喫煙による「時間」の無駄遣いはどうでしょう。仮に一日三十分を有効に使える時間が増えたとしたら、一週間で三時間半、一ヶ月で十五時間、一年間では、百八十二時間を自由に使える計算になります。食事にいたっては、慢性的な味覚、嗅覚の障害を起こしています。

私は、本当はタバコを止めたいのに、ニコチン中毒は意志の力だけではいかんともしがたく、本当に苦労しました。以前、禁煙の誓いを破ったらペナルティを受けるという恐ろしいサスペンスを観たことがあります。どうしてもタバコに手が伸びてしまい、最初は自分の指を切断され、次は妻の命を奪われ、最後は自分の命までというものです。それくらい、タバコの常習者にとって禁煙はつらいものなのです。

会社の喫煙室で、タバコを吸っている時の私の頭の中ではこんな言い訳がいつも駆け巡っていました。「先輩や同僚が吸っていて、情報交換できるから良いのだ。ストレスも軽減できるし、良いアイデアも浮かぶんだ。だからタバコは必要悪なのだ。」

どうですか？　タバコを吸われるあなたもこのような言い訳をしていませんか？

私は、家族を養うため、自分の健康への危機を感じたために、二十歳から吸ってきたタバコを、四十歳のときに止めることができました。止めてから、かれこれ七年経ちます。どのような方法で止めたか知りたいですか？　ではお教えしましょう。飴やニコチンガムを噛みました。禁煙本も読みました。色々試しましたが、それだけでは無理でした。実は、あることを併用したのです。

それは、「呼吸」です。

え？　呼吸？　と驚かれたかと思います。ハイ、「特別な呼吸法」を学んだのです。ニコチンパッチや禁煙パイプ、ニコチンガムでも何でも使ってよいのですが、是非この「特別な呼吸法」を併用してください。「禁煙ブリーズ」と言います。

私は、「禁煙パイプ＋禁煙ブリーズ（後に「禁煙コーピング」と名づけました）」で、にっくきタバコにおさらばしました。

この呼吸の仕方をお教えします。タバコを吸いたくなったら、大きく息を吸って、十五秒ほど息を止めます。その後、タバコをふかしたときのように「フーッ」とゆっくり吐いてください。これだけです。重要なので繰り返します。たったこれだけです。

なぜ？と思いますよね。実は、「タバコを吸う」ということは「窒息を楽しむ」という行為と同じなのです。タバコを吸われる方はわかると思うのですが、煙を吸ったらしばらく息を止めるはずです。そしてゆっくりと吐く。これを楽しんでいるのです。決して煙がうまいはずはありません。香りを楽しんでいるというのもごまかしなのです。

欧米の仕事のできるエグゼクティブはタバコを吸いません。

「オレの命だ、とやかく言うな！」という考えもあるかと思います。しかし、タバコは「百害あって一利なし」です。タバコを止めたいま、私は、人様のためになる仕事をし、多くの人を勇気づける人生を歩むと誓った自分を誇りに思っています。私の命は、自分だけのものではないのです。

第3章

コミュニケーションの改善は難しいと思っていませんか?人に好かれ、業務がうまく運ぶ人間力向上テクニック!

■あなたを〝職場の鏡〟で見てみたら

いままでは、コーピングを知っていただきたくて、基本的な理論やスキルを説明してきました。

本章では、職場でコーピングを活かすために、応用編として特に職場で一番問題の多い「コミュニケーションの見直し」に焦点を当てていきます。実際に基本スキルを活用していくことはもとより、さらに必要な発展スキルもお伝えしていきます。

まずあなたは職場においてどのような存在でしょうか？

人に影響を与えていこう、行動を変えてもらいたい、と考えて行動していく前に、まずはあなたから変わりましょう。人に何かを求める前に、自らがまず変わることが先決です。

「天国と地獄の話」はご存じでしょうか？

地獄の食事では、長テーブルの両側に鬼たちが立っています。しかし、テーブルの料理は食べられません。鬼たちの両腕には大きなフォークと大きなスプーンがくくりつけられています。鬼たちは、我先にとスプーンやフォークで料理を自分の口に運ぼうとするのですが、スプーンやフォークが大きすぎて関節が曲がらず、食べられないのです。

一方、天国の食事では同じシチュエーションですが、おいしそうに皆食べています。なぜだと思いますか？　天国の人たちは、大きなフォークやスプーンで料理をテーブルの向かいの「相手の口」に運んでいたのです。それをお互いに行っていたのです。

脱線しましたが、人様のことをまず考え、自分から何でも行動するようにした方がよいと思いませんか？

自分の行動を変えていくには、まずは自分を知ることが大切です。

これからチームリーダーになるべき方であれば、なおさら必要です。なぜならば、職場風土や人間関係を何とかしたい、と思う立場になるからです。

リーダーと呼ばれる人には「オレ様タイプ」が多いらしいのですが、私の知人でもこのような方がいました。自分の実力を知らない割には大いばりで、人のことは認めません。人と話すときも自分のことに話をすりかえたり、自慢話ばかりするので、周囲も嫌になり、次第に人は離れていきます。当然このような方は出世はできません。

一方、自己客観視できれば、自己評価がマイナスであっても、「いや実力がないからこそ、自分は頑張るんだ！」と素直に自分を見つめて、這い上がってくる人は、頼れるリーダーへの階段を上っていけるのです。

このことからわかるのは、リーダーシップを発揮して、職場のコミュニケーションを私から見直していこう、そして皆に影響を与えていこうとするのであれば、自己肯定感、自己客観視ともに高い人間性を持つことが理想と言えるのではないでしょうか。

それでは、どのようにすれば自己客観視できるようになるのでしょうか。

それには、思い切ってフィードバックを受けてみることです。自分がどう見えるのか、自分の行動をどう思うのかをたびたび周囲の方、特に職場の同僚などに尋ねてみるのです。

私からあなたに提案があります。職場でのあなたの本当の姿を知りたくありませんか？同僚や先輩、上司や部下でも構いません。職場の方の本音に耳を傾けて欲しいのです。私が管理職時代に、プレイングマネージャーから脱皮し、コミュニケーションを見直し、組織の成果を上げたい一心から考えた方法があります。

やり方は、いたってシンプルです。その方法とは、職場のメンバーに、差出人名を記載しない「無記名の手紙」を書いてもらうのです。もちろん、誰が書いたかを特定できないようにして、職場メンバーの本音を聞き出すことが目的です。

まずは、とりまとめる人を一名選任します。その人にお願いし、人数分の封筒を渡します。

やり方を告げ、職場のメンバーに伝えてもらいます。伝える内容は、「自分の良い点、悪い点、改善するためのアドバイスを、誰が書いたか分からないように手書きではなく、ワープロで打って欲しい。名前も一切記載せず、印刷したものを封筒に入れ、期日までにとりまとめるあなたに渡して欲しい」と言うのです。

これはいわば、あなたの職場適正度をあぶり出す「リトマス試験紙」たるものです。私は、これを「ひとり勝手に人材アセスメント」と呼んでいます。職場のメンバーの本音を聞き出すことで、あなたの成長にもつながりますし、あなたがもし管理職であれば、部下のストレス軽減にもなるかもしれません。

私がこれを実施した際の例を挙げます。

- どんなに忙しくても、話しかけて欲しい。自分は好かれていないのか？　と不安になる。
- 私たちは直接作業者といっても、出荷業務を行う請負業者とは違って社員です。事務作業に近いですし、課長が一人で抱えないで、もっと私たちを信じて仕事を割り振ってください。
- 定期的なミーティングを開催して情報共有をして欲しい。自分たちも改善提案が出せるかもしれない。週報も書かせて欲しい。
• 課長が日中忙しくて相談する時間がないようだが、後でもよいので、必ず相談させて欲しい。

私は、プレイングマネージャーであり、自分の仕事だけで精一杯で、部下とのコミュニケーションを拒否してしまっていたのです。ここから私はコーピングを主に活用したチームビルディング、職場風土改善、組織の成果出しへの取組みをスタートしました。

「自己客観視するために他人からフィードバックを受けることはわかったのだけど」と実施をためらっているあなたには、私のメンターである井上裕之先生から教えてもらった話を、ご紹介しましょう。


『自分という環境を変えていく…

生まれや育ち（家庭）、職場（配属先や勤務地）、人間関係など、自分を取り巻く環境は選べないことが多いものです。確かに自分が生まれてくる時代や幼少時代の生育環境は選ぶことはできません。

環境については、多くの人が思い違いをしています。それは、「選べない」と「変えられない」はイコールではないことです。「5年早く生まれたかった」と思っても、自分で自分が生まれてくる時代を選ぶことはできません。

生まれてくることは、自分で選ぶことも変えることもできませんが、それ以外の育ち（家庭）や職場、人間関係といった環境は選ぶことはできなくても、変えることはできます。多くの人は、選ぶことができないから変えることもできないと思い込んでいます。

そうして変える努力もしないで、現状に甘んじています。

「環境を変えることはできない」も、思い違いです。環境は変えることはできます。ただし、変えようとするのは大変だし、また時間もかかるから、変えられないと決めつけている人が多いだけです。

多くの人が見落としていますが、環境には2種類あります。一つは、外部環境。もう一つは、内部環境です。

前述した家庭や職場、人間関係などが、外部環境に該当します。多くの人は、こちらだけを環境と考えています。

もう一つの内部環境とは、自分自身です。自分も環境に含まれているのに、そのことに気づいている人はほとんどいません。

変えるのが大変なのは外部環境のことで、内部環境なら今すぐにでも変えられます。

そして自分自身という内部環境を変えることによって、外部環境をも少しずつ変えていく。

これが、「環境を変えていく」ことの本質的な意味です。

もし今のあなたが置かれた環境（外部環境）がよくないとしたら、とるべき方策は三つあります。一つ目は、変える努力をしないで現状に甘んじること。二つ目は、ムリやり外部環境を変えようとすること。三つ目が、内部環境（自分自身）を変えていくこと。どれを選択するかは、あなたの自由です。とはいえ、自分自身を変えていくことで少しずつ外部環境を変えていくことが遠回りのようで実は近道であることは言うまでもありません。

あなたが必死になって自分を変えようとすれば、周りの人は「あの人があんなに頑張っているんだから」とそのうち応援してくれるようになります。あるいは「あの人があんなに頑張っているんだから、私も頑張らなくちゃ」と、周りに影響を与えることができます。自分を変えることによって、応援力と影響力を得られます。この二つの力をテコにして外部環境を少しずつ変えていくのです。

環境（外部環境）を変えたいのなら、自分自身（内部環境）を変えていくしかありません。自分が変わることで、ゆっくりではありますが、確実に環境は変わっていきます。』

（井上裕之先生の二〇一四年十月二十六日のフェイスブック記事より引用転載）

どうでしたか。すごく心に響き、勇気が湧いてきませんか。本気でコミュニケーションを見直したかったら、自分から変わることが大変重要なのです。

あなた自身のまつ毛を見ようと思っても鏡を見ないかぎり見ることはできません。あなたを職場の鏡で見てみましょう。職場のメンバーの本音に耳を傾けてみることからコミュニケーションの見直しが始まるのです。

■人を認め、感謝、感謝、最大のポイントは「感謝」

あなた自身を客観視してみて、いかがでしたか？

ご自分が気づいていなかった良い点も悪い点も判明したのではないでしょうか。悪い点、改善点があったとしても落ち込むのは一時にしてください。指摘していただいたことに感謝です。大人になって、自分の両親や兄弟、恋人でもないかぎり、あなたにそのような指摘をしてくれる人はほとんどいません。自分を見つめ直し、成長するチャンスを与えていただけたと喜びましょう。

自己客観視できるということは「成長できる」ということなのです。

自己客観視できたなら、今度は他人にも心を配ってみましょう。「他人を認める」ことが「コミュニケーションの見直し」の次のステップになります。

先ほどの「無記名の手紙」を思い出してください。そこには、部下の認めてもらえない切なさがつづられていました。人は他人から認められたいのです。自分の存在価値を認めて欲しいのが人間なのです。

人間は、決して一人では生きていけず、協力関係の中で生きています。自分がその中でやっていけているかどうかという不安を解消してくれるのが、周囲の人間の「承認（人を認める）」なのです。すなわち、「マズローの五段欲求説」にあるように、食欲や睡眠と同様に、「生き残る」という目的を果たすための基本的欲求なのです。

そのため、企業、組織という協力関係の中で、快適に業務に取り組めるよう、お互い「承認」することが大切です。コーチングの用語では「アクノリッジメント（承認の意）」ともいいます。

それでは、人を「承認」するためのポイントを四つご紹介します。

若干、上司目線の部分もありますが、現在チームリーダーでなくとも、いずれはイニシアチブを取っていく必要が必ず出てきますので、知っておいてください。

【ポイント①】
人を承認するとは、「相手を尊重する」こと。特に部下に対しては、さらに「安心感を与えること」である

当たり前ですが、他人も自分と同じ人間としての尊厳をもっています。相手を信じ、尊敬し、礼儀で接しましょう。相手が異なる意見を持っていても、まずは否定せず、受け入れることが「相手を尊重する」ということです。特に部下ですと、眼下に見てしまいがちであり、信用されないとモチベーションが下がってしまいますので注意してください。

また、部下であれば、さらに「安心感を与える」ということが重要です。
これは挑戦心を育むことにつながります。心理学用語で「安全基地」という言葉があります。人間は「いかなることがあっても、そこに帰れば安全だ」と思えるから、新しい挑戦ができるというものです。子供が次から次へとやんちゃをするのも、親という安全基地があるからです。チームリーダーは、部下の安全基地になるべきなのです。

そのためには、かつて私が過ちから学べたように、部下への無関心を止め、温かく見守り、声掛けを忘れないことです。力のあるチームリーダーからは物足りない部分もあるでしょう。しかし、力の差があるからこそあなたはチームリーダーになったのです。部下の短所も含め、まずは相手を受け入れましょう。

【ポイント②】
人を承認するには「相手の良い部分を見つけて褒める」ことも大切。特に、部下であれば「期待値」もこめると部下が育つのです。

皮肉でもないかぎり、褒められて気分を悪くする人はいません。人間は、自分の存在価値を認めてもらいたい生き物です。相手に関心を持つことで良い部分が必ず見えてきますし、その姿勢が相手の優越感を満たすので親しみを抱かれやすいのです。

また、その「期待」が部下を育てます。

「ピグマリオン効果」というのをご存じでしょうか？「人間は期待された通りに成果を出す」というものです。一九六四年にアメリカの教育心理学者ロバート・ローゼンタールが発表しました。その実験内容は、とある学校の小学生に知能テストを実施し、その中から無作為に数名の生徒を抽出し、「この子供達は成績が伸びる」と偽りの情報を教師に伝えました。それを信じた教師が、その子供達に期待をこめて指導したところ、本当に成績が伸びていったというのです。

「ピグマリオン」は、ギリシャ神話に登場するキプロスの王の名前です。ピグマリオンは、自分で作った彫像の女性を愛してしまい、妻にしたいと強く願いました。その熱心さに打たれた愛と美の女神アフロディテが、人形を本物の女性に変え、王の夢を実現させたというのです。「ピグマリオン効果」とはその伝説に由来します。

この「ピグマリオン効果」により、部下に期待を掛ければ、部下はその期待に応えようとして、生産性が上がり、業績が上がります。実際に、私がかつての部下に対して次のように期待を掛けて成果が上がりました。

「Sさん自身が思っている以上に能力はあるとみたよ！　自信を持って！」
「T君ならきっとうまくやれる！責任は俺が取るから、まずはやってみてよ！」
「(他部門との打合せなどで、本人の面前で) 販売店様への対応、といったらうちのKさんです！営業経験はピカイチです！」

ポイントは恥ずかしがらずに言ってあげることです。言わないと伝わりませんよね。この

「承認」により、以前とは全く目の色が変わり、昇給や昇格につながった部下もいました。

要は、部下に「失敗してもリーダーは許し、チャンスを与え続けてくれるんだ」と思わせればよいのです。そうすれば、失敗を恐れないで、のびのびと仕事に取り組ませることができます。

逆に、期待されずに「お前はダメだ」などと言われ続けると、その言葉通りに成績や能力が落ちてしまうことを「ゴーレム効果」と呼びます。

ゴーレムとは、ユダヤの伝説に登場する泥人形の怪物の名前です。ゴーレムは、主人の唱える呪文によって操られるのですが、額の護符の文字を一つ消すとただの粘土に戻ってしまうのです。「ゴーレム効果」とは、その伝説に由来する心理学用語です。

「販売店様への案内状は、文章が下手でワープロ打ちもミスが多い君には任せられない」

「あなたはこれくらいしかできないだろう」

私は、頭にきて部下に対し、このようなネガティブなメッセージを発してしまったことが何度かあります。ゴーレムが護符の文字を一つ消されただけで「ただの泥」になってしまったように、私達人間もネガティブなメッセージを一つかけられるだけで、自信が消えて「ただの人」になってしまうのです。

人は、「あなたのこんな部分が素敵」「君はここを直せば、さらに良くなるよ」と言葉を掛けてもらえれば自信が持てますし、成長していくこともできるのです。さらに言葉を発したあなたにも好意を持ってもらえます。

つまり、言葉の掛け方ひとつを見直していけば、コミュニケーションが取れ、人間関係が上手くいき、職場の雰囲気も変えていくことも可能なのです。相手の良い部分を見て、部下であればさらに可能性も信じ、認める言葉をどんどん発していってください。

【ポイント③】
人を承認するには「敬意を持つ」こと。特に、部下は「奴隷や家来ではない」ことに注意しましょう。

私の経験ですが、会社で役職に就いていようとも、日常生活に戻れば〝ただの人〟です。上から目線であればご近所づきあいは上手くいくはずなどありません。ご近所は組織と違い、通常は利害関係が働かないからです。フラットな目線で、もし相手が目上であれば腰を低くするのがちょうど良いと思います。

これが職場であればどうでしょう。日常生活では会社にいる時間が最も長いため、油断はしていないでしょうか。

職場でわかりやすい例を挙げれば、上司から部下への口調や態度です。

- 「この資料を〇〇日までに作って出せよ！」などと上から目線、命令口調
- 廊下で相手とすれ違うときに、相手から先に挨拶をするのを待っている
- 業務命令なので、部下から成果物が出てきても当然といった素振り

このような態度をあなたはとっていませんか？　私も管理職になりたての頃は、自分の仕事で精一杯だったので、ついイライラしてこのような態度を取ってしまいました。しかし、それでは部下のモチベーションは下がってしまいますよね。

そこで、私はコミュニケーションの見直しとして、自分の態度を改め、部下に敬意を払うように努めました。

- 「今、忙しい？　この資料は△△の理由で〇〇日までに必要なのだが、作成を頼めるか？」と部下の事情やスケジュールも確認して業務を依頼
- いつでも先に自分から笑顔を添えて「おはようございます！」「お疲れ様！」と挨拶する
- 部下の仕事ぶりに「ありがとう！」「いつも助かりますよ！」と感謝を伝える

ここでも、重要なポイントとして「感謝」の気持ちが出てきます。このように感謝の気持ちは相手を承認することにつながります。部下は決して、奴隷や家来ではないのです。人間は、自分のことを認めてくれる人が大好きです。お年寄りや子供もそうですよね。自分のことを認めてくれる人のために役に立ちたいと思うのです。

「感謝」は魔法の言葉です。アメリカのゼネラル・エレクトリック社の元CEOである「伝説の経営者」と呼ばれたジャック・ウェルチをご存じの方も多いと思います。彼を指導したエグゼクティブ・コーチのマーシャル・ゴールドスミスが、著書『コーチングの神様が教える「できる人」の法則（マーシャル・ゴールドスミス＆マーク・ライター／斎藤聖美＝訳　日本経済新聞出版社）』の中で、こう言っています。

『（英語のなかで）もっとも耳に心地よい二つの単語は、「サンキュー（thank you）」だと思う。』マーシャル曰く、相手を打ち解けさせ、ものすごく多くの問題を回避するのに役立ち、謝罪と同様に対人関係で魔法の力をもつ意思表示である、またそれを聞いて不快に思う人はいない、というのです。

どうですか？「感謝」の重要性を改めて感じていただけたかと思います。

私は、さらに相手の名前を「○○さん」、と呼び、さらに「笑顔」も添えると効果的だと思っています。名前を呼ばれることで自分の存在を確認し、微笑まれ、感謝されれば、特に理由がないかぎり、嫌な気持ちを抱く人はいないと思うのです。

コミュニケーションを見直し、活気のある職場にしていくためには、「感謝」「尊敬」の大切さを、あなたが自ら種まきをしていくことが必要です。

【ポイント④】
人を承認するには「パーソナリティー」の違いを認めること。そのためには、「短所」を「長所」として見方を変えること。

コーピングでは、ストレスを活力として利用していきますが、これは先にお話したアドラー心理学の「困難を克服する活力＝勇気」という考え方に似ています。アドラー心理学では、普段は臆病な人でも、ここ一番の場面で勇気を発揮する方法を説いていますが、そのうち、特に大切な二点をご紹介します。実際に私が職場コミュニケーションの改善に活用して効果のあったものです。

良好な人間関係を構築しようと思ったら、お互いの信頼関係や尊敬の念が必要です。そのためには「相手がこうだったらいいのに」とか、「相手がこうしてくれれば」といった他力本願ではなく、自ら内部環境を改めることは先程から述べてきている通りです。実は、その前提として「人間は一人一人が違う」というように、「パーソナリティーの違い」を認めなければなりません。ただ、人間は育ってきた環境や人間関係の影響で、性格、ものの見方、価値観は人それぞれです。それぞれが良くも悪くも個性と言えばそれまでです。ある人をあなたが見て、短所と思っても、もしかしたらその人にとっては個性であり、持ち味なのかもしれません。

それでは、パーソナリティーの違いをどのように認めたらよいのか、ということですが、「短所を長所として活かせるように見方を変える」ことが得策です。

置き換え方の例は図3-1を参照してください。

いかがでしょうか。セミナーでは、受講者に対し、部下、上司、他部門関係者を承認する力を身につけるために、この「短所を長所に置き換えるワーク」をしていただきます。一度相手に貼ってしまったレッテルを見直すことは難しいようですが、ものの見方を変える訓練として評判がよいようです。

因みに、あるとき、受講生からこのような質問を受けたことがあります。

「先生、この言葉の置き換えは、相手を認めるという点は理解できるのですが、自分の思

パーソナリティーの違いを認めるために、
見方を変える（短所⇒長所）

短所		長所
臆病	▶	慎重
頑固	▶	信念が強い
内気	▶	デリケート
口下手	▶	聞き上手
気分屋	▶	感性が豊か
生意気	▶	意思を通す

短所		長所
おしゃべり	▶	情報発信力がある
優柔不断	▶	安易に決断しない
威張っている	▶	指導力がある

図3-1　人を承認する

い方が変わるだけで、相手の短所はそのままなので成長がないのではありませんか？」確かにその通りで、この質問は素晴らしいと思いました。

それに対する私の回答はこうです。

「確かにその通りですね。それならば、短所を長所に置き換えて、一旦は相手を受け止めてあげましょう。まずは承認です。次に、『さらにここを直せばもっとよくなるよね』。ここで、「でも（ｂｕｔ）」と言ってしまうと、認めていないことになるので、「さらに、なおかつ（ａｎｄ）」とすれば相手は反発せずに受け入れることができると思います。」

■「感謝の手紙」を書いてみよう！（内観法）

ここまで、「自己客観視」、「他人を認める」ことをお話してきました。

次にお話するのは「自分を許す」ということです。なぜ、この順番でお話してきたかというと、人間は自分がかわいいので、先に自分を許そうという話をすると、甘えが生じてしまうと考えたからです。

実は、「自分を許す」ということも、メンタルヘルス上は大変重要なことです。ストレスを溜め、メンタル不調になる人の多くが、この「自分を認める、許す」という点が不足しがちなのです。この「自分を認める、許す」にはどうすればよいかというと、先程から述べているように、他人に対して感謝の気持ちを持てると、同時に他人を許せる気持ちになります。そのことが、自分自身を許す、自分自身を認めることにつながります。

自分を認めると、自分に自信が持てるので前述の自己肯定力と同義の「自己肯定感（セルフエスティーム）」と呼ばれる感覚が高まり、心が強くなる、すなわちメンタルタフネス度が高まるのです。

この「感謝の気持ちを持ち、自分を許す」という状態になるには、「内観法」という方法があります。

「内観法」はもともと、仏教の考え方ですが、心理療法としても活用されています。やり方は、お寺に一週間こもって「お父様やお母様にしていただいたこと」、「お父様やお母様に迷惑をかけたこと」、「お父様やお母様にしてさしあげたこと」を、じっと考えていくのです。感謝の気持ちを持つために、この「内観法」を「言葉を使ったコーピング」に置き換え、「感謝の手紙」というワークとして考えてみました。

いまからこのワークを実際にあなたにも実施していただきますが、実は私が職場や家庭で実践し、私を取り巻く環境が変化した経験があるのです。まさに、内部環境から外部環境を変えたわけです。この「感謝の手紙」の効果は次のようなサイクルとなります。

「感謝できる習慣がつく」→「あなたを取り巻く人間関係が変わる」→「仕事・プライベートで状況が好転していく」→「そのことにますます感謝する」という具合です。

やり方は次の通りです。

①次の人をそれぞれ五人ずつ挙げて、例のように手紙を書いてください。
- 人生で感謝している人
- 人間関係でこじれた人
- 感動的なことをしてくれた人

②書けたら、二十八日間を目途に、毎晩読み返します。

たったこれだけ？　とお思いと思いますが、ハイ、これだけです。しかし、この効果は前述の「セルフトーク転換」と同様に、とても高いものです。馬鹿にせずに取り組んでください。ここで、私が実際に書いたものを二名ずつですが、例として挙げますので、参考にしてください。

【例】

「人生で感謝している人」

（名前）坂上克枝

（理由）最愛の妻です。いつも明るく優しく、私と価値観が同じで、傍にいてくれる私の最大の理解者です。家内の笑顔と包容力は私のビタミンとなり、また人への接し方を教えて頂いております。ありがとうございます。

（名前）坂上初枝

（理由）貧しいながら、一人前の男に育ててくれました。母から教わった堅実さと努力を惜しまない心で今日までやってこれています。ありがとうございます。

「人間関係でこじれた人」

（名前）Ａさん

（理由）同い年なのに、傲慢な態度で、部下の面前で何度か私を罵倒し、辱めてくれましたね。あなたのお蔭で、相手を同じ目線で平等に扱う大切さを教えて頂きました。ありがとうございます。

（名前）Bさん
（理由）人間性が育っていない管理職もいるということを気づかせて頂きました。強面をきかせて、意地悪い態度はリーダーとして決してとってはいけないことを教えて頂きました。ありがとうございます。

「感動的なことをしてくれた人」
（名前）井上裕之
（理由）四十年以上生きてきて、真に尊敬できる方です。価値観がほぼ一緒で、「学び」と「行動」の大切さ、潜在意識の活用の仕方、人間力の磨き方の指針を示してくださり、人生が救われました。ありがとうございます。

（名前）坂庭鳳（つとむ）
（理由）第二の人生として行政書士を選択しましたが、行政書士・起業家のお手本をこれまでも、そしてこれからも示してくださる恩師です。ありがとうございます。

■お互いを尊重する！「アサーティブ・コミュニケーション」

これまで、「感謝」をキーワードとして相手、自分をともに認め、尊重してきました。どうしてここまで「感謝」にこだわるの？ とお思いの方もいらっしゃるかと思います。『「職場に不満がある」が九割以上にのぼる。不満の対象は、上司・同僚・部下などの人間関係。』（日本法規情報㈱法律問題意識調査レポート「労働環境に関する意識調査」）という資料があります。それぞれの一位の理由は次の通りです。

- 上司への不満　…「人間的に尊敬できない」
- 同僚への不満　…「人間的に尊敬できない」
- 部下への不満　…「言い訳をする」

この結果を受けて何を感じますか？ お互いに、このように思っているのであれば、解決策は、「人間力を磨く」ことが大切だと私は思うのです。そのために、素直に学び、感謝できる人間性を備えて行かなくてはならないのです。この「感謝する心」というのは、経験として、後天的に獲得することができます。そのため、くどいほど「感謝のワーク」を取り入れているのです。

それでは、ここまでの学びを職場でのコミュニケーション改善に応用してみましょう。相手も自分も尊重するコミュニケーションを「アサーティブ・コミュニケーションと言います。「アサーティブ」の日本語訳は、「さわやかな自己主張」です。自己主張といっても、別に断るだけ、というものではありません。「相手を尊重しながら、自分自身の意見、考えをきちんと伝える」ための手法が「アサーティブ・コミュニケーション」です。その特徴は次の通りです。

- 明確な自己主張
- 相手の話をきちんと聴く
- お互いに納得するまで議論、柔軟に歩み寄る（相互尊重）
- 批判を気にしない

相手に自分の考えを受け入れてもらえないことは当たり前で、断られてから歩み寄りを探ることが求められます。すなわち、自分にも相手にもハッピーであるようなコミュニケーションなのです。

アサーションには三種類あります。

①アグレッシブ（攻撃的）　…自分中心に考え、相手を無視して押し通す。
②ノンアグレッシブ（消極的）…自分よりも相手を優先。頼まれると嫌と言えない。
③アサーティブ（目指すべき態度）　…自分を大切にすると同時に、相手も配慮する。

最後の③のバランスのとれたコミュニケーションスタイルを目指しましょう。
そのために、アサーション技術では「聴き方」、「話し方」の二点が重要です。

【アサーションの技術（聴き方）】
相手が自分に対して、積極的に情報を出してくれるような聴き方をすれば、自分も聴きやすくなり、ストレス軽減になります。ポイントは次の五点です。

一、うなずく
二、あいづちを打つ
三、視線は相手を見る
四、質問する

五、メモをとる

【アサーションの技術（話し方）】

相手を不快に思わせずに、自分の意見、気持ちをきちんと伝える話法である「DESC法（デスクほう）」を紹介します。

D（Describe）：事実・状況を伝える
E（Explain）：自分の意見や気持ちを伝える
S（Specify）：提案・お願いをする
C（Choose）：結果を示唆する・代替案を述べる

例えば、あなたが入社五年目の係長とします。最近、W部長の言いなりですぐに意見を変えてしまうX課長の元で働くのにうんざりしてきました。できれば、異なる隣接部門のY部長配下のZ課長の元に異動したいので、Y部長に異動の希望を直談判することにしました。

この場合、「DESC法」と使うと次のようになります。

D：X課長の元で五年間学んできましたが、W部長の意見に絶対服従のため、部下の意見や提案は取り入れられていません。

E：私は、上からの指示に従うことで成果が出ることは承知していますが、Z課長のようにメンバーの意見を集約して組織としての成果を出すという、私が学んできたものとはまた異なるマネジメント手法を学んでみたいのです。

S：自分の意見を言えるZ課長の元で学んでみたいので、異動させていただけないでしょうか。

C：私が異動することにより、将来部下の意見を尊重しながら組織として最大限の成果を出せるリーダーになれます。会社に貢献できると思うのですが、いかがでしょうか。

このDESC法のポイントは、アサーティブな態度を取ろうとする姿勢が大切です。修得には、半年程度かかるとも言われていますが、是非職場コミュニケーション見直しの手法として意識して活用してみてください。

■苦手な人間関係に対するコーピングとは？

これまで講師を務めてきたセミナーで、毎回ほとんど質問のあったものは、「会社に苦手な人がいるのですが、うまくやっていく方法はあるのでしょうか？」というものです。私もそれで心身を損なった経験があるので痛いほど理解できます。

無理に好きになろうとしても苦しくて、かえってストレスが溜まってしまうのであれば、そのような方法はとらない方がよいと思います。ただし、「苦手な相手とコンタクトを増やす」と、相手に好意を抱きやすくなるという自分を変えるテクニックがあります。

これは心理学用語で、「ザイアンス効果」と言います。アメリカの社会心理学者であるロバート・ザイアンスが提唱したもので、相手に会う回数が増えれば、相手の良い点が見えてきて、人間関係を改善しやすくなるというのです。商品広告の効果にも応用されており、商品との接触が三回を超えると認知され、七回目で購入に至るのだそうです。是非、受け身ではなく、自らコンタクトして積極的にコミュニケーションをとるようにしてください。

苦手な人とのコミュニケーションで気をつけて欲しいことが一点あります。それは、「相手に対する感情は相手にも伝わる」ということです。

人間には、他人の感情を感じ取れるという能力があります。「共感」できるのも、この能力があるからこそなのです。例えば、あなたが「この人は苦手だな、嫌だな。」と思う感情は相手に伝わっている可能性が高いです。

とあるNPO法人の活動の際に教えていただいたわかりやすいたとえですが、利き手でピストルの形をつくり、相手に銃口を向けて、バン、と発砲するまねをしてください。

このとき、親指を立て、人差し指を相手に向けましたよね。この状態を、人間関係にたとえて言えば、相手を指差して「あの人がね…」と悪口を言うときの仕草になぞらえ、「人を指す」という言い方をします。


あなたがある一人の人の悪口を言ったと仮定しましょう。では、中指、薬指、小指はどちらを向いていますか？

内側を向いているので、あなたを指していることになります。

すなわち、あなたは一人の人の悪口を言うと、知らないところで三人の人から悪口を言われているのです。人の悪口を言ってはいけない面白いたとえです。それだけ、悪い感情は相手に伝わりやすいということなのです。


心理学では、「嫌悪の返報性」と言って、相手が自分を嫌っていると感じた場合、その相手を嫌うようになります。逆を言えば、相手に好意的な何かをしてもらった場合には、お返しをしたくなるものです。これを「好意の返報性」と言います。

これらの法則を理解し、時間は掛かりますが、自ら相手に好意的に働きかけをしていく努力をすることが、苦手な人間関係に対するコーピングと言えます。

■アゴの動きと仕草をまねろ！（傾聴スキルの重要性）

コミュニケーションは、話し方だけに気をつければよいわけではありません。むしろ、聴く方が重要なのだと思います。

なぜならば、人間は話したい生き物なのです。誰でも、自分の言いたいことを聞いてもらい、すっきりして充実感を味わいたいのです。決して悪く言うつもりはないのですが、子供やお年寄りを見ていると、理性で抑えることが難しい年齢のため、観察しているとそのことがよくわかります。

この「話を聴く」ということが、職場コミュニケーションの改善において、非常に重要なスキルになります。チームリーダーであれば、「話を聴くリーダーが成功する」といっても過言ではないと思います。その理由として三点あります。

①迅速な軌道修正が可能

役員クラスであれば、話を聴けないと事業判断を誤るケースがあります。実際に、現場レベルでお客さまのご意見を取りまとめて報告したのですが、聞く耳を持ってもらえず、お客さま満足度が下がり、ある業界でサポートNO．1の座を追われてしまったケースがあります。

職場のチームリーダーであろうとも同じことです。聞く耳を持つことで、業務の生産性の維持と向上を図ることができますし、何よりお客さまとの接点が近く、いわば最前線で戦っているため、現場主体で行くくらいがちょうどよいのではないでしょうか。

②チーム内のアイデアの掘り起し

優れた社長は、社長室にどっかり腰を下ろしておらず、現場をうろついては何か問題はないか、新しいアイデアはないか探していると聞きます。

実際、私が勤務していた大企業でも、2社目の中小企業でも、トップがうろうろしていました。大企業に勤務していた時に、昼休みに消灯して暗い工場内で、ばったり事業部長と鉢合わせして、しかも急に現場案内をしろとの命令で冷や汗をかいた経験があります。この事業部長は、週に一度、各部門長を引き連れて現場を巡回し、各チームリーダーから改善活動のプレゼン報告を受けていました。現場にアイデアが転がっているケースが多く、現場主体の改善を期待できるのです。

③チーム内のエネルギーが高まる
私の改善例をお話しましたが、話を聴いてもらえないと、部下は存在価値を認めてもらえず、モチベーションは下がります。逆に、話を聴いてもらえると、自分を認めてもらえたと思い嬉しくなります。チームリーダーが部下の話に耳を傾けることで、メンバーのやりがいやプロジェクトへの参画意識が高まるのです。

この「話を聴く」ということは特に現チームリーダー、あるいはこれからチームリーダーになっていく方には、特に重要なスキルです。先に述べたような「組織活性化によるチームビルディングが可能」という効果の他に、話を聴いてあげることで「部下のストレス軽減」、「リーダーの好感度アップ」ということにもつながるのです。

この「話を聴く」ということを、難しいと感じる方も中にはいらっしゃるのではないでしょうか。先に述べたように、人間は話したい生き物なのです。相手が話している途中でさえぎったり、質問をしてしまう方も多いのではないでしょうか。

相手に心を開いて話をしてもらうことは、特にチームリーダーにとっては重要です。なぜならば、リーダーシップを発揮して、組織の業務生産性を上げなくてはならないからです。

実は、この「話を聴く」ことはテクニックとして形から覚えていくこともできます。邪道とは思うかもしれませんが、これもリーダーシップ発揮のための戦略ととらえてください。部下にやる気を出してもらうためなのです。人は、嫌いな人のいうことは聴きませんよね。もし、あなたの部下がやる気がなければ、仕事の生産性に影響が出ます。そうすると、上司であるあなたの評価も下がるのです。そのため、部下を抱きこむ必要があります。決して部下とのなれ合いを推奨しているのではありません。組織としての生産性を上げるために、リーダーの「部下の評価を変える印象操作」は有効な戦略であると言いたいのです。

実際に、私がかつての職場や、今でもケースによっては活用する印象操作のテクニックを二つご紹介します。

コーピングは、ストレス対処のためであれば、他のスキルも活用していくケースが多々あります。今からご紹介するのはＮＬＰのテクニックです。

【傾聴スキル①：オウム返し】

オウム返しとは、相手が言った言葉をそっくりそのまま、もしくは語尾を繰り返して返答することです。オウム返しは「聴いてもらえる」「わかってもらえる」という安心感につながります。例えば、私が勤務していた製造業の開発・生産技術の現場の例を挙げてみます。

【例】試作品のパイロットラン（※）の立会の依頼
（※量産を本格的にスタートする前に、量産化された試作を生産すること。）

部下：
「十月三十一日の午後一時から製造ラインAで行いますので参加願います。」
上司：
回答①「参加するよ。」
回答②「十月三十一日の午後一時から製造ラインAだな。参加するよ。」

どちらが「わかってもらえる」という安心感がありますか？
当然、回答②ですよね。この繰り返すスキルは、心理カウンセリングでもよく利用されるものですが、相手の発言をきちんと集中して聴いていないと、繰り返すことができず、いい加減な印象を与えてしまうので、聴く訓練になります。訓練のポイントは、次の二点です。

・自分のアゴを相手のアゴの動きに合わること
・相手の言葉の語尾を捉えて繰り返すこと

最初のポイントの解説は、次の「傾聴スキル②」に譲ります。二点目の「相手の言葉の語尾を捉えて繰り返す」という理由は、大切なポイントを繰り返して相手に伝えるだけで、自分の話を熱心に聴いてくれているんだ、という姿勢が伝わるため、心理的な障壁が崩れていき、話しやすくなるのです。

例えば、あなたが居酒屋で同期入社の仲間から、「課長が全然意見を聞き入れてくれないんだ。」と愚痴をこぼされたとします。そうしたら、あなたは「聞き入れてくれないんだぁ。」と繰り返せばよいのです。

ただし、繰り返す頻度が多すぎるとわざとらしくなりますし、相手の心情をくみ取りながら話をしないと逆効果になりますので、ご注意ください。

【傾聴スキル②：身体のペーシング】

「ペーシング」とは、コミュニケーション技法の一つで、話し方や身振りなどで、相手と歩調を合わせるためのテクニックです。営業や部下育成などの場面でよく活用されています。

変化の激しい現代のビジネスでは、私も経験がありますが、部門横断のプロジェクトを発足させ、短期的に成果を求められる場面があります。そのような短期的な人間関係の構築を、短時間で実現できるとされているのが「ペーシング」です。「同じ釜の飯を食った間柄」のような人間関係を短期的に構築できるとされています。

ポイントは「お互いの共通項に着眼し、相互の信頼関係をスピードアップする」という点です。例えば、あなたが合コンに参加した時や、得意先との接待のことを思い出してください。

合コンであれば、「どのようなお仕事をされているんですか？」「ご趣味は何ですか？」「どちらのご出身なのですか？」、得意先であればプライベートの話題で「うちの愚息と同じ頃です。親の言うことはもう聞きませんよね。」などと、共通の話題を自然と探していないでしょうか。

そのような共通点を探すことができれば、気になる異性や得意先の担当者の心をつかめることを経験的にわかっているのです。

「ページング」は、「話し方」や「感情」などもありますが、紙面の都合もあり、私が最も効果があったと思う「身体」を使ったページングをお話しします。

やり方は、相手の仕草や姿勢をまねるのです。相手が顔を斜めに向けて話していたら、同じように顔を斜めに傾けます。テーブルの前で手を組んだら、こちらも手を組みます。相手が話すときにうなずきながら話していたら、こちらもうなずきながら相づちを打つのです。このように、相手の姿や形をまねることでお互いの違和感がかき消されます。つまり、相手に「自分達は同類だ」と思わせることで、不安感を取り除く効果があるのです。

なぜこのような効果があるのかと調べていったところ、納得の得られる答えがわかりました。それは、人間は「自分と異なる他者を否定する」という心理的なバリアーがあるのだそうです。人間は常に自分が正しいと思っているからであり、そのバリアーを外すために、相手と同じ仕草をすると良いのだそうです。人間は、自分で自分のことを否定できないため、「自分と同じ形の人＝信頼できる人」ととらえ、潜在意識に刷り込まれるのだそうです。

私のセミナーでは、これをワークとして取り入れています。

受講生はとても不思議に思うようで、異常な盛り上がりを見せます。上達のコツとして、先に述べたように「相手のアゴの動きをまねる」ことです。これで相手の話し方や感情にもペースを合わせられるので、そのように伝えています。尚、百パーセントまねてしまうと不信感を抱かれ、逆効果となりますので、勘所としては七割程度にとどめてください。

また、ペーシングが効いているのかどうかを確認する方法として、ある程度時間をかけて相手に対して行ってきたら、今度は自分から仕草や姿勢を変えてみてください。例えば、私は居酒屋などでビールのジョッキなどを飲んでみます。すると、相手もつられて飲んでみたりするので面白いです。これを「リーディング」と言います。

先に説明した「オウム返し」も同時に行えば、初歩のコミュニケーション術としてはかなりいけると思います。上司や同僚、部下に対して、「オウム返し」と「ペーシング」を試し、是非、職場コミュニケーションの改善に役立ててみてください。

第4章

業務展開に幅を広げるコーピング

■ストレスフリーのインプットで人間力を磨く「学習系コーピング」とは？

「会社人生を加速的に成功させる三つの視点」を元にお話してきた「コミュニケーションの見直し」「ストレス対処」を理解し、実践していただければ、「コーピングの活用」、「職場風土の改善」という本書の大半の目的は達成できます。

しかし、ここまでお読みいただいた方の中には、将来職場を背負って立つべき方も多くいらっしゃると思います。そんなあなたは、リーダーシップを発揮し、個人はもとより組織の業績アップのために、前述したようなこの情報過多の状況の中で、必要な情報を取捨選択しながら、スキルアップをしていく必要があるのです。

いまからお話ししていくコーピング手法は、今までと毛色が異なりますので、違和感を覚えるかもしれません。しかし、私の経験上、リーダーとなるべき方は、業務量と責任ばかりが増え、順次対処していかないとストレスが知らないうちに溜まります。対処を誤ると、心は劣等感で一杯になり、心身を損ないかねません。

そこで、私がこれからリーダーとして必要な情報収集や学習などで「効率良く継続的なインプット」が可能で、その結果、ストレスフリーで競争社会を生き抜く能力と評価を勝ち取る『学習系コーピング』をお伝えします。

『学習系コーピング』には、三つ種類があります。

①学習コーピング……………ライバルをごぼう抜きした加速学習法
②目標達成コーピング………自己管理で成功グセがつくテクニック
③金言コーピング……………セルフイメージを高め、理想のリーダーへ

過激なタイトルではありますが、あなたの保身のためのスキルという意味ではありません。あくまでも組織、職場に貢献するためのリーダー促成栽培法なのです。促成栽培というのは、ご存じの通り、農作物をビニルハウスなどで人工的に早く生長させる方法です。この方法をとれば、通年の出荷が可能となり、例えば夏野菜を春に出荷できます。

『学習系コーピング』はこれと同じ理屈であり、しかも多忙でなかなかまとまった時間の取れないビジネスマンが、ストレスフリーで必要な情報やスキルを獲得できるとすれば、使わない手はありませんよね。

では、次ページからさっそくお話していきますね。

■ライバルをごぼう抜きした加速学習法（学習コーピング）

ビジネスマン、特にリーダー業務を兼ねている多忙な方には、次のようなお悩みはありませんか？

- ビジネス書を読みたいけど、時間がない！
- 資格試験に挑戦したいけど、時間がない！
- 資料や本を早く読みたい！

それでは、お待たせしました。ストレスフリーで効率的に業務で成果を出せる学習法を伝授します！

その秘訣というか、コツをお教えしましょう。

『「スキマ時間」と「聴覚」の有効活用で、知識を定着させるのです！』

多忙で時間なんかないよ！　とおっしゃるあなた。一度、朝から晩までのスケジュールをざっくりで良いので、図4-1のように書き出してみてください。

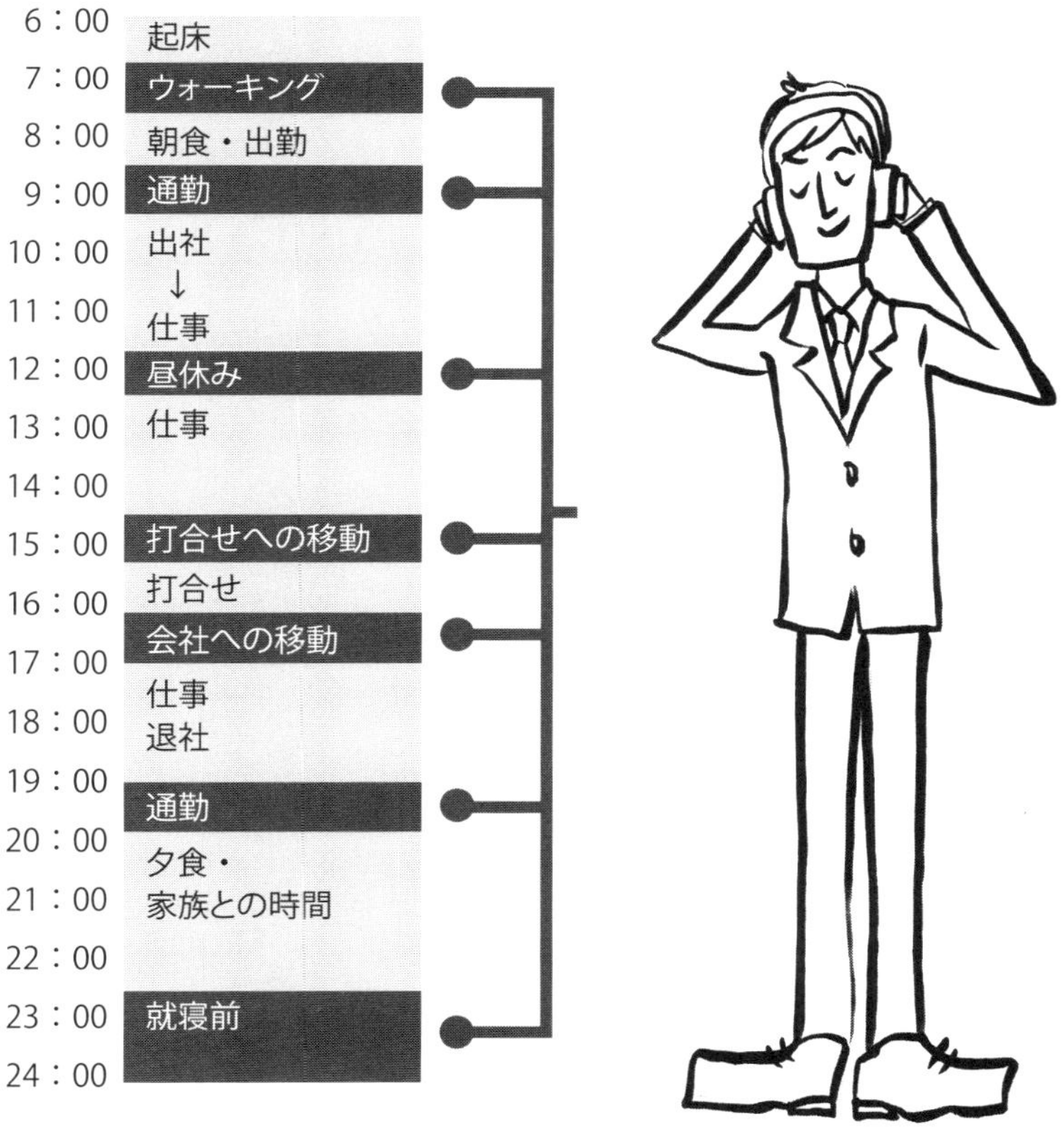
6：00
起床
7：00
ウォーキング
8：00
朝食・出勤
9：00
通勤
10：00
出社
↓
11：00
仕事
12：00
昼休み
13：00
仕事
14：00
15：00
打合せへの移動
打合せ
16：00
会社への移動
17：00
仕事
18：00
退社
19：00
通勤
20：00
夕食・
21：00
家族との時間
22：00
23：00
就寝前
24：00

図4–1

その中で、何かをしながら、同時に勉強できる時間を探してみてください。例えば、朝の通勤時間。電車でも車でも平均一時間かかりますよね。

電車で寝ている、もしくはゲームをしている方をよく見かけますが、リーダーになるあるいは既にリーダーである意識の高いあなたには、周囲と同じ行動は取って欲しくないです。周囲と同じことをしていたら、人より抜きんでることはまず無理なのです。

昼休みはどうですか？　毎日同僚の方とランチを取る時間を、週の半分にしてみませんか？　もし、資格試験を受験するのであれば、周囲に公言して、期限を区切って協力を要請してみてはいかがですか？　ここでも三十分は確保できますよね。

帰宅時間はどうですか？　疲れてはいるのは誰でも同じです。出勤時間と同様、一時間確保できますよね？

お風呂、あるいは就寝直前にも三十分は取れるでしょう。

このように、スキマ時間、あるいは細切れ時間と呼ばれるものを積み上げてみると、あら不思議、一日に三時間は勉強時間を確保できるのです。

そんなこと言ったって、満員電車で本を読むなんてできないよ！ と反論される方もいらっしゃると思います。

ここで、「聴覚」の出番となります。「聴覚を使った勉強法」については、これもまた一冊の本が書けてしまいますし、多くの書籍があります。細かい説明はそちらに譲るとし、私の経験で〝これはすごい！〟と感じたことをお話します。

私は、大学生の頃から様々な資格試験に挑戦してきましたが、机上でテキストを精読し、過去問題集を説くというオーソドックスな学習スタイルをとっていました。しかしながら、その方法ですと、宅建のように分厚いテキストを精読するのに、三か月で三回程度しか読めませんでした。忘れては覚え、忘れては覚えの繰り返しで三度落ち続けてしまいました。

会社を退職した後に行政書士受験を志したのですが、当初、これも同じ方法で受験し失敗してしまいました。私が二十年以上前の大学生であった時分は、行政書士は薄いテキスト一冊で合格してしまうものであり、周囲で不合格になったことは聞いたためしがなかったため、甘く考えていたのです。

しかし、直近で受験経験のある方ならおわかりと思うのですが、現在の行政書士試験は、合格率が例年約八％の社会保険労務士と並ぶ難関試験となってしまいました。テキストや問題集を見ただけでも膨大な量で、仕事をする社会人にとっては、とても一年程度で合格できるレベルのものではなくなってしまっていたのです。

某大手予備校の有名講師も、ハードルが上がりすぎていることに難色を示されていたことを覚えています。

「エビングハウスの忘却曲線」をご存じと思います。ドイツの心理学者であるヘルマン・エビングハウスが実験した、人間の脳の「忘れる仕組み」を曲線で表したものです。「二十分後には四十二％を忘却」、「一時間後には五十六％を忘却」、「一日後には七十四％を忘却」、「一週間後には七十七％を忘却」、「一ヶ月後には七十九％を忘却」と恐ろしい程の忘却度です。二回目までの行政書士試験は、覚えては忘れ、覚えては忘れ、記憶との勝負でした。直前期に問題集を二回以上解く時間がなく、眼に涙を浮かべていた記憶があります。

しかし、会社を辞めた二年後に私は、ある方法をとることにより、三回目の挑戦で合格することができました。受験直後に、ファイナンシャルプランナーの試験を続けて同じ手法をとり、たった二ヶ月で一発合格することができました。

一体、どんな方法を取ったと思いますか？　因みに、行政書士試験は三回目の挑戦のため、知識の蓄積があったことも当然合格の要因にはあります。しかし、三回目は中小企業でバリバリ働き、実父の突然の死など、勉強時間はあまりなかったのです。私のとった魔法のような方法は次の通りです。

問題集は、二回以上解きません。ましてや、過去問は行政書士試験では殆ど繰り返し出題されないため、慣れる程度にしか解きませんでした。解く問題集は高いお金を出しても、市販の問題集ではなく、予備校の答練や模擬試験など「予想問題の中でも出題可能性の高い精選問題」を解きました。しかも、間違えても二回目は解かず、解答をよく理解した上で、MP3やCDに、自分の声で、正解内容を録音しました。このCDは一枚につき二時間分を録音し、四十枚近くを一年近く、一枚につき最低十回はスキマ時間を利用して聴きまくりました。十時休みや昼休みも、必ずイヤホンをつけて会社周辺をウォーキングしました。入浴時も、暗記したい内容をパウチにしたものを持ちこみ、なおかつ風呂専用の防水加工の施されたMP3プレイヤーで音声を流しました。

「聴覚」は、耳を使っての情報の入力のためだけでなく、私達の思考そのものに深く関わる感覚と言われています。

私はそのことも学んで「聴覚」を使った学習に取り組んだわけですが、実際に「視覚」を使う以上に効率的だと思ったことがあります。それは、「音声なら強制的に学習が前に進むから」です。

「視覚」を使った場合、どうしても理解できなかったら、後ろに戻って読んでしまい、とても時間が掛かります。しかし、ご存じの方もいらっしゃると思いますが、人間の記憶というのは、時間を掛けてしっかり覚えようとするよりもテレビのコマーシャルのように、速いスピードで、何度も何度も繰り返す方が記憶の定着率は良いのです。そのような意味で、この「聴覚を使った勉強法」は理にかなっています。

意識の高いこれから職場を背負って立つような方に、一つ覚えておいて欲しいことがあります。それは、「お金よりも時間が大切」ということです。

私は企業に所属していたときはわからなかったのですが、独立した現在は、意識の高い仲間に囲まれた生活をしています。そのような方々は、「頭にエサをやる」という感覚に近いと思うのですが、自己投資に余念がありません。自分への投資は必ず返ってくるので、不動産投資などよりも確実という方もいらっしゃるくらいです。

日本一の呼び声高いセミナー講師の箱田忠昭先生より、「タイム・イズ・マネー（時は金なり）」ならぬ「タイム・イズ・ライフ（時は命なり）」と教えられました。

お金は失ってもまた稼げるが、時間は失ったら返ってこないのです。

そんな思いから、私は時間を捻出するためには何でもしました。

少し横道にそれましたが、この方法を使って「企業研修の復習」「業務に役立つ資格試験」、「昇進試験」などに是非役立ててください。

また、「ビジネス書」も読むようにしてください。

普段からビジネス書を読むメリットは、少なくみても次のことは言えると思います。

- 知恵がつき、ビジネスを多角的な視野で考えることができる
- 教養がつき、自分に自信がつく
- 部下の人心掌握に役立つ

「それは理解できるけど、ビジネス書に目を通す時間がないよ！」とまたそんな声が聞こえてくるようです。実は、これも「聴覚」を使えば、「一日一冊、必ずビジネス書を読破できる」のです。その秘密は、日本最大のオーディオブックポータルサイト「FeBe（フィービー。http://www.febe.jp）」の活用です。ビジネス、自己啓発、資格、語学などのさまざまなジャンルがあります。倍速対応であれば三時間程度で聴き終えるので、必ず一日一冊を読破できるというわけです（「速聴」と言います）。

私は一ヶ月に十冊以上購入し、一冊につき、最低五回は聴くようにしています。

学習コーピングの最後に、「聴覚」を使うだけでなく、「速読」も組み合わせた方法を紹介します。

私は、「速読」に若い頃から興味があり、眼球運動を使ったものから、文字を景色や写真のように高速で眺めるフォトリーディングというものに近いものまで、色々試しています。最近の「速読」は、「速聴」を取り入れたものが多いように思います（高速音声を聴きながら文字を眺めて追う方法を「逆聴」と言います）。低コストで簡単に取り組むのなら、「世界一たのしい超速読勉強法（斉藤英治著、三笠書房）」をお勧めします。二〜三倍速で文字を追えるようになれば、業務資料などを速く読めるようになります。

簡単に説明してきましたが、これらのノウハウは比較的簡単に取り組めますし、効果も絶大です。私は、三回目の大きなリストラの際に、雇用確保のため、手を挙げてコールセンター要員になりました。一時期は昇進を諦めかけましたが、この「学習コーピング」の一部を使い、主任から課長に当時最短の三年で昇進することができました。さらに発展させ、行政書士試験やファイナンシャルプランナーの資格も取得することに成功しました。

是非、あなたもこのストレスフリーの効率学習で貪欲にインプットし、職場を牽引する人間力のあるリーダーを目指してください。

■自信がない？　心配ご無用！自己管理で成功グセがつくテクニック（目標達成コーピング）

『学習系コーピング』の二番目は、「目標達成コーピング」です。出世していくにつれ、リーダーには時間管理や目標達成のスキルがますます必要になってきます。それらを可能にするテクニックを三つ紹介します。

一つ目は、「一日三分割習慣付けシート」です。

一日の大半を会社で過ごすことでホッとしてしまうのではなく、優れたリーダーは時間管理術が得意です。先の「学習コーピング」のスキマ時間を捻出するためにもチェック表を作成しましょう。

作成方法は簡単です。表計算ソフトのＥＸＣＥＬシートを使います。

横軸は一週間分の日付、縦軸は「朝」、「日中」「晩」に三分割してください。そして、それぞれを十五分〜三十分単位に「何をしているか」という項目を記入してください。例えば、「5：00〜5：30　新聞を読む」、「22：30〜23：00　入浴しながら読書」などという具合です。

作成したら実行し、一日の終わりにその表に記入し、評価していきます。

上手くいったら「○」、まあまあできたら「△」、できなかったら「－」といったように評価します。もし、全て上手くいったら、あらかじめ考えていた「うまい酒を飲む」といったご褒美を自分にあげてもよいでしょう。

これを繰り返していくことにより、時間管理は次第に上達していきます。面倒でもベイビーステップのつもりで少しずつ習慣にしてみてください。

二つ目は、「ひとりファミレスミーティング」です。

何だ？　一人っきりでファミレスで会議するのか？　と思われた方、ハイ、その通りです。実は、多少の人目や騒音のあるファミレスで仕事をするのは、「情報整理とアイデア出し」において、物凄い効果があると思っています。

目的は、「ビジネスで成果を挙げるためのアイデア出し」です。一人でお気楽なため、ストレスフリーで業務改善案が噴出します。

やり方は、週末、早朝のファミレスで一時間半程度の時間を掛け、二つの作業に取り組みます。

- 普段から書き留めたアイデアを記したメモを読む。それを別のノートに整理する。
- 過去一週間の出来事を振り返る。そして、来週から目標達成する上で必要な行動を書き出し、スケジューリングする。

この二つを、人が少なく、すがすがしくも多少の騒音のある早朝のファミレスで、だまされたと思って一度試してみてください。自分を振り返る時間の大切さ、あれよあれよ、とアイデアが出てくる快感。タバコを吸われる方は経験があると思うのですが、机上で考えが煮詰まってしまい、喫煙室でタバコをふかしている時に、なぜかふっとアイデアが湧いてくるというあの感覚に近いものがあるのです。

是非、お試しを。

「目標達成コーピング」の三つ目は、「ヴィジュアライゼーション法」といって、「心理調整術を使ったコーピング」に含まれるものです。

これは、ポジティブな良いイメージを視覚化するものです。よく、プロのアスリートが試合にのぞむ前に、戦術通りに思い通りの動きが出来、勝利するというイメージングをしていることは有名ですよね。これをあなたがビジネスで成功することに応用するのです。やり方は次の順番で行います。

①自分の将来像をまずは頭の中で描く
「こんなリーダーになってみたい」「この資格を取得したい」など、わくわくするような将来像です。
②思い描いたものを実際に紙に書いてみる
「部下達の面前で表彰を受けている」「資格試験に合格し、ガッツポーズをしている」など、その時の自分の様子、周囲の光景、時間帯など、できるだけ詳細に書き出すことが大切です。写真があれば、なおイメージしやすいです。
③その言葉や絵、写真を眺め、再度将来を手に入れたイメージに浸る

あなたが望む将来を、詳細かつ明確にイメージし、ヴィジュアル化すると、実は心が「快」の状態になるのです。つまり、メンタルタフネス度が高まり、目標も達成しやすくなります。

私の書斎には、これらの写真や言葉を集めた「ビジョンボード」というものがあります。

このボードを撮影した写真をパウチして、入浴しながら眺めることにより、（当然実現に向けた努力も継続しましたが）十個立てた目標の半分を、半年で実現した実績があります。決して簡単な目標はなく、「行政書士試験合格（人様のお役に立つ職業に就く）」、「親子ダブル受験合格祝いで、ディズニーリゾートに一泊二日（目標設定段階では、資金は考えておらず、別途資金繰りできた。事前予約しており、東京が四十五年振りの大雪の翌日に午後から晴れ、各駅停車で奇跡的に夕方に到着。）」、「創業融資申し込みで満額借入が決定」、「企業研修講師として東京ビッグサイトで登壇」、「商業出版（本書）」などの目標をかなえてくることができています。

この「ヴィジュアライゼーション法」は、以上のように使えますし、そもそも自分の心が「快」に導くためのメンタルタフネス度を高めるための方法でもあるのです。「成功哲学の祖」と言われるナポレオン・ヒルが言われるように、「思考は現実化する」と思います。是非、将来の夢に向かってトライしてみてください。

■セルフイメージを高め、理想のチームリーダーへ！（金言コーピング）（番外編）

『学習系コーピング』の最後は、「金言コーピング」です。番外編のため「おまけ」のように気楽にお読みください。こんな世界もあるんだな、という程度で結構です。

「金言」というのは、後世に語り継がれる偉人が、人生に関わる真理や指針、戒めを短く言い表した言葉というイメージがあります。

しかし、別にあなたが自分自身にとって大切と思える言葉であれば、それも「金言」だと私は思います。

古代日本では、言葉には、「言霊（ことだま）」という不思議な力があると信じられていました。口から発した言葉どおりの結果を現す力があるとされていたのです。これは、自己啓発や成功哲学で、目標達成や潜在能力の開発に効果があると言われている「アファメーション（肯定的自己暗示）」に通ずるものがあると思います。

「金言コーピング」とは、潜在意識とアファメーションを活用した自己実現法です。「潜在意識」とは普段日中活動している時の意識である「顕在意識」とは異なり、過去の記憶や直観力、洞察力の宝庫とも言われています。無意識の領域で「火事場の馬鹿力」や「呼吸や新陳代謝、ホルモン分泌」などの生命活動も潜在意識の働きです。

顕在意識と潜在意識は、よく氷山にたとえられます。「氷山の一角」として水面に突き出ている部分が「顕在意識（三〜五％）」、水面下に隠れている部分が「潜在意識（九十五〜九十七％）」です。

実は、社会的に「成功者」と言われる人達は、この「潜在意識」と「アファメーション」を実践していると言われています。一流のアスリートも実践しています。

例えば、プロ野球選手で現役メジャーリーガーのイチロー選手。

小学生時代に作文に、「そんなに練習をやっているのだから、必ずプロ野球選手になると思います。」と記しています。プロゴルファーの石川遼選手もやはり小学生時代の作文に「ぼくの将来の夢はプロゴルファーの世界一だけど、世界一強くて、世界一好かれる選手になりたいです。」と記したことは有名です。

このように、言葉には計り知れないエネルギーがあるのです。

それでは、このアファメーションのやり方ですが、「潜在意識ＣＤ」というものを作ります。これからお伝えするその手法は、アジアNo.1の講演家と称される「ロッキー・リャン」が取ったものと同じものです。

ロッキー・リャンは、うつ病で二度の自殺未遂を起こしましたが、講演家を目指してこのアファメーション法で夢を実現させました。

リーダーシップの世界的権威ジョン・C・マクスウェル、ジョン・グレイ、ニック・ブイチチなどとジョイント講演、自身の半生を二本映画化し、多くの人に勇気と成功のヒントを与え続けています。

【潜在意識CDの作り方・使い方】

①「アファメーションの原稿を作成」

自分の名前を入れ、夢が現実になったものとして完了形の言葉で書く。

最後に必ず「ありがとうございます。」と感謝の言葉を添える。録音時間が五分以内にまとまるようにする。

(例)「隆之、今は平成二十八年満四十八歳ですが、あなたは人生の絶頂期を迎えつつあります。振り返れば、平成二十五年の行政書士試験では自分を律し、スキマ時間を活用して百八十点を超え、見事リベンジ合格を果たしました。周囲から尊敬の眼差しで見られ、賞賛の嵐でしたね。ありがとうございます。」
「隆之、あなたは開業二年目の平成二十七年度にビジネス書を発刊し、セミナー講師として活躍しています。あなたの声量は大きく滑舌も改善され、流暢で情熱的で魂のこもった講演は、人々の心に希望の光をともしています。ありがとうございます。」

②「録音する」
好きなBGMを流し、原稿を自分の声で読み上げ、録音する。MP3やCDに焼く。

③「スキマ時間に繰り返し聴く」
潜在意識に取り込まれる時間帯は、朝の起床時や就寝直前が良いと言われています。いわゆるトランス状態と言われるもので、催眠に誘導されやすい状態です。なお、このトランス状態は、食器洗いなどの単純作業の時にも入りやすいというので、私はその時間帯もイヤホンをしています。

以上で『学習系コーピング』の説明は終わりです。信じがたいものもあったと思いますが、興味がありましたら是非実践してみてください。

いかがでしたでしょうか？「コーピング」に興味を持っていただき、実践したい、職場で活用してみたい、と思えましたか？「企業を取り巻く心の問題急増」、「高齢化社会に向けた健康保険破たんの懸念」に対し、国家を挙げて取り組む事態になっています。法律改正にも後押しされ、平成二十七年十二月末までに、五十人以上の事業場の対応が迫られ、待ったなしの状況です。

「予防医療の時代」は明らかに近づいています。時代の要請なのです。

読者の皆様におかれましては、是非「コーピング」を職場で活用していただき、その有効性を確認していただきたいです。

最後までお読みいただき、本当にありがとうございました。

おわりに

「坂上さん、絶対に出版の夢を叶えてくださいね。出版されたら私は必ず買わせて頂きますよ！」

このありがたい言葉は、三年半前の退職時に、私の右腕として活躍していただいた年上の部下の別れの挨拶です。

そうです。私は退職時から、第二の人生を人様のお役に立つべく、出版という形で世のビジネスマンに対し、たった一度の人生をいきいきわくわく過ごして欲しいというメッセージを届けることをイメージングしていたのです。

「シンクロニシティと直感を信じ、なりたい自分にならせて頂き、五年後にまた違った形で皆様にお会いできることを目標に頑張ります。」という非常識とも思える退職の挨拶文を五百人以上の方にメールしたことを、昨日のことのように思い出します。

本書を世に出させていただくことで、人に影響を与えられる立場になることができたのも、私を育ててくださった会社での経験がベースになっております。心より感謝しております。

私の世代はもとより、若い方でも昨今の不況を反映してか、元気がなく、夢を持てない方が多すぎると感じています。しかし、声を大にして言わせてください。
「学びと行動、笑顔に感謝、そしてコーピング技術を駆使すれば、人生は必ず変えることができると断言できます！」

ここで、私の尊敬する一人の元プロボクサーのお話を例に取らせていただきます。

その方は、元ＷＢＣ世界スーパーバンタム級王者の西岡利晃氏です。ボクシングの本場であるラスベガスで世界的に有名な強豪を相手に防衛を成功させるなど、日本人ボクサーでも世界的評価を得たスーパースターです。現在は引退され、多くの世界戦で解説者をされています。私がご紹介したいのは、諦めずに、学びと周囲への感謝で栄光を手にしたその生き様です。

西岡氏は、辰吉丈一郎選手のスパーリングパートナーを務めたこともある十代から将来を嘱望されたホープでした。そのため、ご本人に慢心があったのだと想像できます。実績を収める前から「具志堅用高さんの十三回の防衛記録を抜きます。」などのビッグマウスぶりにはテレビの前のファンの眉をしかめさせたことが何度もありました。

その後、その言葉とは裏腹に、苦難の道を歩みます。当時の階級を通じて最強と言われたタイのウィラポン選手に四度挑み、僅差で王座を獲得できませんでした。しかも、その道のりの間には、アキレス腱断裂にも見舞われます。ファンの私は、正直、彼はここまでなのか、と思いました。

しかし、結婚し愛娘も授かり、家族と周囲の支えで、常識では考えられない三十代で五回目の世界挑戦を実現します。

十二ラウンドが終了し、判定勝利を確信した西岡氏が、勝者のコールを待つ直前に、何度も小さくガッツポーズをして、眼にうっすら涙を浮かべているその画に、何ともいいしれぬ感動の波が押し寄せた記憶があります。私も行政書士試験合格の時に、家内と号泣しましたが、その思いと重なります。

その後、「モンスターレフト」の異名を持つ芸術的な左の強打で、防衛を重ね続けます。トレーナーに、「ボクサーとしては、ピークを過ぎているはずの三十五歳になっても進化し続けている。常識的には考えられない。」と言わしめました。ボクサーとして最強の選手と戦いたいという本能から、最後は当時最強のノニト・ドネア選手と戦いＫＯ負けし、惜しまれつつグローブを置きます。

しかしながら、西岡氏は、引退時の読売新聞のインタビューで、「大満足のボクシング人生であった」と振り返っています。彼は自分のボクシング人生を納得いくまで堪能すべく、そのため不利と言われても決して逃げるチャンピオンでいたくなかったのです。

私が西岡氏の例を通じて申し上げたかったのは、「過去を反省し、自分を信じ、ひたすら学び続け、行動し、周囲に感謝し続けることで、人生は必ず変えられる」ということです。そのことが日本ボクシング史上の金字塔を打ち立てたのだと思わざるを得ないのです。

『人間は負けたら終わりなのではない。辞めたら終わりなのだ

【アメリカ第三十七代大統領　リチャード Ｍ ニクソン】』

これは私の大好きな言葉です。私も西岡氏の姿に学ばせていただきながら、起業家として多くを学び、沢山の出会いに感謝をしながら、会社員時代とはまた異なる思考力と行動力を身につけることができつつあります。

心を病み、本来の能力を発揮できないビジネスマンが増えつつあります。私自身も、コーピング技術で回復した経験を元に、是非応援させていただきたい。そしてそのことが日本経済活性化の原動力になって欲しい。そのような思いで本書を執筆させて頂きました。

私は現在、コーピング技術をベースとしたストレス対処コンサルタントとしてまだまだ修行中ですが、これからも心を救うお手伝いをさせた頂きたい信念で、日々奔走中です。お呼びが掛かればいつでも飛んで行って研修、コンサルなどでＥＡＰのスキルをも活用して、企業のお役に立たせて頂きたい、と考えております。

（講師派遣などのご依頼・ご連絡は、ホームページ掲載の電話番号もしくはメールアドレス「last1@sakaue-office.com」にお願い致します。）

最後に、私のミッションを記載しますので、皆様の心に届けば幸いです。

退職後に、学びに学んで得た成功哲学からの私の造語ですが、世の成功者と言われる偉人の方々が口を揃えて大切にしている言葉を集めてみたものです。

『ラストワン（※）をモットーに、自己研鑽を積み、人様に勇気・希望・安らぎを与える人生を歩む』

（※）L……Learning（学び）
A……Action（行動）
S……Smile（笑顔）
T……Thanks（感謝）
One……№1のサービス

本書を執筆するにあたり、多くの方に謝辞を申し上げます。皆様とのご縁がなければ、私の第二の人生はなかったといっても過言ではありません。

まずは、直接本書執筆のきっかけを与えてくださいました現在メディアで大活躍の流通コンサルタントであり、研修講師の坂口孝則先生。坂口先生とのご縁で研修講師や著者としてデビューすることができました。ありがとうございます。

そして、日刊工業新聞社の鈴木徹様、ありがとうございます。

本書は、研修講師としての内容も存分に盛り込んでおりますが、普段よりセミナー集客、フィードバックをくださる日刊工業新聞社の谷真由美様、日本能率協会の磯野茂様。いつも本当にありがとうございます。

ビジネスのメンター松尾昭仁先生。行政書士受験生時代からお世話になりたいと考えていましたが、研修講師や著者としてデビューできたのも松尾先生のお蔭様です。ありがとうございます。

行政書士として受験時代からお世話になっている坂庭鳳（つとむ）先生、石井浩一先生。士業としての方向性を決定づけることができました。ありがとうございます。

先生業としてのマーケティングの基礎を教えて頂いている志師塾主催の五十嵐和也さん。五十嵐さんとの出会いがなければ、先生業としての具体的なビジネス展開方法を知り得ませんでした。ありがとうございます。

まだまだお世話になりますが、コーピングインスティテュートの田中ウルヴェ京先生、菊池啓子先生。コーピング技術と出会わなければ、現在の自分はありませんでした。ありがとうございます。

ＥＡＰで一緒にやろう、と真っ先にビジネスパートナー契約を結んで下さった一般社団法人クオリティ・オブ・ライフ創造支援研究所の森田司先生。ありがとうございます。

そして、人生のメンターであり、累計百万部突破の著者、歯学博士、経営学博士、世界初のジョセフ・マーフィートラスト公認グランドマスターである井上裕之先生。ミッションと潜在意識の活用を教えて頂き、私の人生は救われました。いつも本当にありがとうございます。

本書のアイデア出しで沢山の情報提供を頂いた親友の「経営の世代交代トータルサポー

ター　中小企業診断士　フレッシュストリームコンサルティング代表」の澁川泰之さん。いつも本当にありがとうございます。

栃木県佐野市の地元のデザイナーで「リンリンデザインオフィス代表」の鈴木達也さん。名刺作成や事務所看板、本書の挿絵などでいつも短納期での仕事をありがとうございます。

人様のお役に立つ心を教えてくださったＮＰＯ活動でお世話になっている久保田光明さん、稲毛田貴史さん、小林茂樹夫妻、廣瀬武志さん、眞田政巳さん。他にも大勢いらっしゃいますが、全員のお名前を書けずに本当に申し訳ございません。

いつも見守ってくれている義父　中島利久さん、実母　坂上初枝。心配ばかり掛けて、申し訳ありません。きちんと親孝行できるその日まで、必ず待っていてください。

愛する妹　坂上早苗、西谷陽子。兄は人様のお役に立つ仕事を目指しています。

兄として少しは立派になれたかな。

最愛の妻である克枝、長男　欣伸、次男　祐大。君達がいなければ、人生に彩はなかったです。いつも笑顔で支えてくれて、本当に、本当に、本当にありがとう。

ここに紙面の都合でお名前を書けなかった沢山の方々にも、心を込めて御礼を申し上げます。本書が悩める世のビジネスマンの福音になることを願ってやみません。

平成二十六年十月吉日感謝してやまない夢工房の書斎にて

【著者紹介】
坂上　隆之（さかうえ　たかゆき）

ストレス対処コンサルタント・企業研修講師・離婚専門の行政書士。
さかうえ行政書士事務所代表。

国立大学卒業後、大手電機メーカーに20年間勤務。技術部門の予算編成・損益管理、コールセンター運営、PC修理部品納品マネージャー等を経験し、品質社長賞を受賞したプロジェクトチームも牽引。2013年に独立し、離婚問題専門の行政書士として様々な人間関係の相談に応じている。更に、企業時代にコミュニケーションの必要性を痛感した自らの経験を活かしながら、誰でも短期間で本来の実力を発揮できる「コーピング技術」を活用した研修講師・講演活動を行っており、ストレスに悩むビジネスパーソンを救うストレス対処の専門コンサルタントとして活動している。東洋経済オンライン、dot.ドット 朝日新聞出版らマスメディアへの寄稿実績もある。

ホームページ「離婚相談専門オフィス」より、坂上隆之の無料特典がダウンロード可能。

●ホームページ「離婚相談専門オフィス」：http://sakaue-office.com
⇒無料特典ダウンロードページ：http://sakaue-office.com/book01
●ブログ「後悔しない離婚届の準備・手続き・離婚ストレス解消講座」
：http://ameblo.jp/regain-papa/

ワーキングストレスに向き合う力
―ストレスコントロール手法〈コーピング〉でビジネスに強くなる

NDC336

2015年 2月25日　初版 1 刷発行

（定価はカバーに表示してあります）

©　著　者　坂上　隆之
発行者　井水　治博
発行所　日刊工業新聞社
〒103-8548　東京都中央区日本橋小網町14-1
電　話　書籍編集部　03（5644）7490
販売・管理部　03（5644）7410
ＦＡＸ　03（5644）7400
振替口座　00190-2-186076
ＵＲＬ　http://pub.nikkan.co.jp/
e-mail　info@media.nikkan.co.jp
印刷・製本　新日本印刷（株）

落丁・乱丁本はお取り替えいたします。
2015 Printed in Japan　　ISBN 978-4-526-07372-4